Neff

GOTTFRIED HEINDL

Die Purpurschmiere

EINE GESCHICHTE DES
WIENER BURGTHEATERS
IN ANEKDOTEN

PAUL NEFF VERLAG
WIEN

Ein Band in der Reihe
GROSSE NEFF-BREVIERE
Hrsg. Karl Andreas Edlinger

Der Einband zeigt eine Lithographie:
Das k. k. Hoftheater nächst der Burg zu Wien.
Theatermuseum München
© Artothek, München. Joachim Blauel

Printed in Austria
ISBN 3-7814-0297-3

Umschlaggestaltung: Graupner & Partner, München
Satz: Teamsatz, Neudrossenfeld
Druck und Bindung: Wiener Verlag, Himberg bei Wien

Vorwort

Joseph II. erhob es zum deutschen Nationaltheater, für Hermann Bahr war es ein Mythos, Anton Wildgans verglich es mit einem Tempel, in dem das Heiligste weitergereicht wird, und für Fritz Hochwälder war es der Petersdom der Theaterkunst.

Albert Heine meinte dagegen, es sei ein Marmorsarkophag der Kunst, für Egon Friedell war es ein Monument des österreichischen Schwachsinns, Georg Reimers wäre lieber scheintot im Massengrab gelegen, als sein Direktor zu sein, und Alexander Lernet-Holenia bezeichnete es als ein für Riesen erbautes, aber von Pygmäen bevölkertes Haus.

Die Rede ist von ein und derselben Institution – dem Wiener Burgtheater. Es gibt ein den Kennern des Hauses vertrautes Wort, das seine spezifische Ambivalenz treffend wiedergibt: Die Purpurschmiere.

Der Purpur, das ist der Glanz; die Tradition des vormals deutschen National- und kaiserlichen Hoftheaters, die Erinnerung an unsterbliche Götter der Schauspielkunst.

Die Schmiere dagegen ist der Alltag; die Erkenntnis, daß auch Burgschauspieler nur Menschen sind und daß bei einer Spielzeit von zehn Monaten, was in mehr als zweihundert Jahren mehr als 60 000 Vorstellungen ergibt, nicht jeder Abend eine Sternstunde sein kann.

Dieses Buch versucht in mehr als fünfhundert Anekdoten den Werdegang des Burgtheaters zwischen Purpur und Schmiere, Glanz und Alltag zu schildern. Es beruht auf der Lektüre von Burgtheaterbüchern, die das Literaturverzeichnis ausweist, und auf Gesprächen mit Burgtheatermitgliedern, von denen stellvertretend für alle zwei genannt werden sollen: Karl Eidlitz, der mir seinen Anekdotenschatz aus mehr als fünfzig Burgtheaterjahren erschloß, und Sepp Nordegg, Technischer Direktor des Hauses, der mir stets ein guter Freund war.

Das Burgtheater hat in den mehr als zweihundert Jahren seines Bestandes viel erlebt und überlebt. Es kann sich im Guten wie im Schlechten immer auf seinen Hausdichter Franz Grillparzer berufen. Wird es geschmäht, was oft genug der Fall ist, mag es sich an die Worte Ottokar von Hornecks halten: „Da tritt der Österreicher hin vor jeden, denkt sich sein Teil und läßt die anderen reden."

Wird es dagegen gerühmt, was auch vorkommt, tut es gut daran, die Warnung Rustans zu beherzigen: „Und die Größe ist gefährlich und der Ruhm ein leeres Spiel ..."

G. H.

Prolog

EIN LANGES, SCHWERES, ABER SCHÖNES STERBEN

Ich höre täglich Klagen über das Burgtheater.
Franz Grillparzer, 1847

Wann wird das k. k. Burgtheater eröffnet werden? Es ist bis jetzt als toter, versteinerter Körper in der Reihe der deutschen Theater dagestanden.
Moritz Gottlieb Saphir, 1848

Der Niedergang der ersten deutschen Bühne ist da. Hoffen wir, daß es kein Untergang werde, und daß wir nicht in einigen Jahren dem Fremden, welcher fragt, wo das Burgtheater sei, erwidern müssen: in Leipzig.
Karl von Thaler, 1867

In unserem Theater geht's langsam, aber stetig bergab.
Ludwig Gabillon, 1868

Unsere Theaterwirtschaft kommt mir immer mehr wie eine sumpfige Pfütze vor.
Hugo Thimig, 1877

Wir ziehen mit einem Trümmerhaufen ins neue Haus.
Josef Lewinsky, 1877

Es geht ans Sterben. Das alte Burgtheater hätte die Umpflanzung noch ertragen, aber die schlechte Erde, der eiserne, kalte, unwirtliche Boden nimmt uns die Kraft; wir erholen uns nicht mehr.

Ludwig Gabillon, 1888

Wo aber das Wort, dieses Kleinod des Burgtheaters, sich nicht mehr geltend machen kann, da ist das Burgtheater zu Ende. Will man diese unvergleichliche Zierde Wiens retten, so ergreife man die energischesten Maßregeln.

Ludwig Speidel, 1889

Die Stimmung im Burgtheater ist furchtbar.

August Förster, 1890

Bald wird nur noch das noble Gerüst dastehen, und der Begriff ‚Burgtheater' wird eben nur noch ein Begriff sein.

Adolph von Sonnenthal, 1897

Mein Burgtheater ist dahin. Wohl mir, daß ich zu besserer Zeit für meine Kunst gelebt habe.

Josef Lewinsky, 1899

Das Burgtheater, wie es heute vor uns steht, ist eine imposante Ruine, und was jetzt dort an künstlerischen Leistungen geboten wird, ist der Mehrzahl nach aus erhabener Kunst und antiquiertem Kitsch eine seltsame Mischung, von der man mit den Worten Nathans sagen kann: ‚Groß und abscheulich!'

Egon Friedell, 1907

Die Zustände am Burgtheater sind nicht länger zu ertragen.

Stefan Hock, 1908

Noch ein paar Todesfälle, und im Burgtheater ist nichts mehr lebendig!

Stephan Grossmann, 1911

Das Burgtheater ist noch immer so schlecht wie vor zwanzig Jahren.

Karl Kraus, 1912

Man fragt sich, ob das Burgtheater denn überhaupt noch existiert, und es ist sehr schwer, sich selbst die Frage ehrlich zu beantworten.

Hugo von Hofmannsthal, 1918

Das Burgtheater, endlich sei es einmal offen und mit allem Nachdruck gesagt, denn hier ist Offenheit Pflicht, ist das allermiserabelste Theater der Welt. Ein Marmorsarkophag der Kunst, ein von einem für die speziellen Bedürfnisse Ahnungslosen errichteter Steinkasten, der zu allem anderen, nur nicht zum Komödienspielen benützt werden sollte.

Albert Heine, 1919

Die senile Pose historischer Vergangenheit, womit dieses durch und durch angefaulte Burgtheater seine Würdelosigkeit kokottenhaft drapiert, nimmt nunmehr schon groteske Formen an.

Karl Inhauser, 1921

Der verbrecherische Unsinn, daß etwas so Köstliches wie das Burgtheater zugrunde gehen muß, wo immer noch zu helfen, zu retten wäre, nagt an mir und überkommt mich manchmal wie Verzweiflung. Es ist, wie wenn ein Vater gefesselt zusehen muß, wie sein Kind von Piraten geschändet und gemeuchelt wird.

Anton Wildgans, 1922

Das Burgtheater, einst ein Kulturfaktum von Belang, hat sich zu einer Druckerschwärzenbelästigung ersten Ranges herausgewachsen. Es lebt, seit es als Bühne seine Bedeutung verlor, nur noch vom Geheimnis- und Nichtigkeitsreiz des Wortes ‚Krise'.

Anton Kuh, 1923

Die Blüte des Burgtheaters als der ersten deutschen Bühne war untrennbar mit der Hegemonie des zu Wien residierenden Hauses Österreich in Deutschland verbunden und hat die Schlacht von Königsgrätz nicht lange überdauert. Dann kam die Zeit des Verfalls . . .

Leopold von Andrian, 1928

Das Burgtheater gleicht einer Behausung von Riesen, in welche eine Schar von Pygmäen eingezogen ist.

Alexander Lernet-Holenia, 1956

Das Burgtheater soll als Theatermuseum weiterbestehen . . .

Martin Esslin, 1971

Für mich war 1973 das Traurigste: die Situation des Wiener Burgtheaters.

Andrea Seebohm, 1973

Das Burgtheater lebt nicht, es siecht dahin.

Viktor Reimann, 1974

Hoffnung ist das einzige, was der Burg geblieben ist.

Paul Blaha, 1975

* * *

Während das Burgtheater am lautesten totgesagt wird, erfreut es sich der besten Gesundheit.

Erhard Buschbeck

ERSTES KAPITEL

Der Poldl hat an Buam kriagt

ODER
DAS KAISERLICHE
FAMILIENTHEATER

1741 – 1848

Im März 1741 wurde das alte Ballspielhaus nächst der Hofburg, das bereits seit längerer Zeit unbenützt stand, in ein Theater umgebaut. Karl *Sellier*, der Mann, der von Kaiserin *Maria Theresia* die Bewilligung erhielt, den Umbau auf eigene Kosten vorzunehmen, war der Träger eines ominösen Titels: „Entrepreneur der Hofopern, Serenaden, Komödien, Oratorien und heiligen Gräber."

Indem die Kaiserin den Auftrag gab, ein Theater nächst der Burg zu errichten, verwirklichte sie eine Maxime, die sie in die Worte gekleidet hatte: „Spectacle müssen sein, ohne dem kann man nicht hier in einer solchen großen Residenz bleiben . . ."

Maria Theresia hatte die Liebe zu den schönen Künsten von ihrem Vater geerbt. Die musikalische Begabung *Karls VI.* war beträchtlich. So hatte er einmal bei der Aufführung einer Oper des Hofkapellmeisters Johann Josef *Fux* den Klavierpart übernommen und seine Sache so gut gemacht, daß der Komponist nachher begeistert erklärte: „Majestät könnten wirklich jederzeit Oberkapellmeister werden!" Worauf der Monarch erwiderte: „Ist schon recht, mein lieber Fux, wir haben es auch so ganz gut!"

Die Kaiserin ihrerseits hatte die Liebe zu den Musen ihrem Sohn *Joseph* vererbt, der seit dem Tode ihres Gatten Franz Stephan im Jahre 1765 auch ihr Mitregent war. Der Komponist Karl *Ditters von Dittersdorf* erzählt in seinen Memoiren, daß Joseph I. einmal vor einer Hofgesellschaft als Kasperl aufgetreten sei und nach-

her voll Stolz gefragt habe: „Nun, habe ich die Arie so vorgetragen wie ein Kasperl?" Darauf gab ein Höfling die devote Antwort: „Eure Majestät sind der leibhaftige Kasperl!"

Die Direktion Karl Selliers währte nicht lange; im Jahre 1747 ging er in Konkurs. Das Hofballhaus wurde von einem Baron *Rocco dello Presti* übernommen und führte nunmehr den Titel: „Théatre priveligié imperial, appartenant à la societé des cavaliers sous la conduite des Monsier le baron dello Presti." Über den neuen Direktor, der Anfang des Jahres 1752 ebenfalls Bankrott machte, berichtete der Fürst *Khevenhüller:* „Der neue Impresario Baron Lopresti hat der Herrschaft eine mittelmäßige Bande dahier decouvrieret, welche hauptsächlich nur aus Luftspringern und Seiltänzern bestanden."

Weil die Direktoren geringe kaufmännische Gesinnung an den Tag legten, verfügte Maria Theresia, daß ihr jede Ausgabe über zweihundert Gulden für Ausstattungszwecke gemeldet werden mußte, und meinte dazu: „Es ist ja keine Schand', wenn die Leut' sehn, daß gespart wird..."

Es ging nicht nur ums Sparen, sondern auch um die Erschließung neuer Einnahmequellen, weshalb die Kaiserin verfügte: „Ich bewillige, daß im Theater auch Karten gespielt werden, wie in Mailand, auch verbotenes Spiel, jedoch mit der Retiction, daß nur um bares Geld gespielt werde, daß das Spiel nicht länger dauere als die Comödie, und daß nur jene Personen spielen dürfen, welche auch in die Redoute gehen dürfen."

Die Sorgen um die Gebarung vermochten Maria Theresias Freude an ihrem Theater nicht zu schmälern. Als am Abend des 19. Februar 1768 ein Kurier aus Florenz die Nachricht brachte, daß dem Erzherzog *Leopold* und seiner Frau sieben Tage zuvor ein Knabe, der spätere Kaiser *Franz,* geboren worden sei, eilte sie, den Verbindungsgang zwischen Burg und ihrer Loge

benützend, ins Theater und rief dem versammelten Publikum zu: „Kinder, mei Poldl hat an Buam kriagt . . .!“

Auf der Bühne des kaiserlichen Theaters ging es bisweilen munter zu. Eva *König*, die spätere Gattin Lessings, sah im Juli 1772 im Burgtheater eine Aufführung der „Emilia Galotti“ und berichtete nachher nach Hau-

se: „Stefanie der Ältere, der den Prinzen spielt, ist täglich affektierter und unerträglicher. Was tat er zuletzt in Ihrem Stücke? Er reißt sein Maul auf, streckt die Zunge langmächtig aus dem Halse, und leckt das Blut vom Dolche, womit Emilien erstochen ist. Was mag er damit wollen? Ekel erregen."

Stefanie erweckte in der „Emilia Galotti" aber nicht nur Ekel, sondern auch Heiterkeit. Josef II. jedenfalls, der zwei Aufführungen besuchte, erklärte nachher: „Ich habe in meinem Leben in keiner Tragödie so viel gelacht, und ich habe in meinem Leben in keiner Tragödie so viel lachen hören."

An Bemühungen, das Niveau der Bühne zu heben, fehlte es nicht. So wurde im „Projekt einer Wiener

Theaterverfassung" der Vorschlag, Carlo *Goldoni* zum Hausdichter des Burgtheaters zu berufen, mit den Worten begründet: „Glaubt man dahero, daß in diesem Fall kein vorteilhafteres und tauglicheres Subjectum gefunden werden könnte, als der berühmte Doctor Goldoni, der eine allgemeine Schnelle im Verfassen besitzt, und der nicht nur allein seine Comedien auf dieses Theater einzurichten, die anderen zu verbessern, sondern wohl auch zwey große Opern und eine Bourlesque, wie auch vier Comedien des Jahres zu schreiben könnte verbunden werden."

Goldoni kam aber nicht, im Theater nächst der Burg blieb alles beim alten, und Josef Freiherr von *Sonnenfels,* Repräsentant der Aufklärer am Hofe, Herausgeber des Wochenblattes „Der Mann ohne Vorurteil" und Verfasser der „Briefe über die wienerische Schaubühne", meinte: „Wenn ich vom Theater auf die Wiener schließen müßte, so würde ich wahrhaftig kein vorteilhaftes Urteil über sie sprechen."

Sonnenfels war nicht der einzige, der sich den Kopf über das Theater zerbrach. Als sich niemand geringerer als Staatskanzler Wenzel Graf von Kaunitz erbötig machte, die Leitung der Theaterangelegenheiten zu übernehmen, lehnte Maria Theresia mit den Worten ab: „Dazu ist mir Ihr Name viel zu lieb und wert."

Schließlich war es der Kaiser selbst, der die Initiative ergriff. Am 23. März 1776 richtete Joseph II., der seit 1765 Mitregent seiner Mutter war, an den Oberstkämmerer Fürst Khevenhüller ein Handschreiben, in dem es hieß: „Überdies werden Sie mir ehestens einen Vorschlag heraufgeben, wie Sie mit Anwendung derjenigen Beamten, die anjetzo dem Hof zurückfallen, das Theater nächst der Burg, so hinfüro das deutsche National Theater heissen solle, mit bester Wirtschaft sowohl die Einnahmen sicher stellen, als die zur Illumination und andere kleinen Ausgaben vorhandene Notdurften werden bestreiten können ..."

Neues Lustspiel

Im Nationaltheater nächst der Burg
wird Montags den 8ten April aufgeführt:
Zum Erstenmal
Ein neues Lustspiel in drey Aufzügen,
genannt
Die Schwiegermutter.

Personen:

Baron.	Hr. Jaquet.
Baronin.	Mad. Weidnerin gewesste Huberin.
Louise, ihre Tochter.	Mlle Jaquett die ältere.
Ein Obrister Bruder der Baronin.	Hr. Stephanie der Jüngere.
Baron Lindenreich, Vater.	Hr. Bergobzoom.
Baron Lindenreich, Sohn, Louisens Bräutigam.	Hr. Lange.
Baronin von Löwanthal, eine junge Wittwe, Lindenreichs Tochter.	Mlle. Jaquett die jüngere.
Herr von Rittersheim, ein Landedelmann aus der Nachbarschaft des Barons.	Hr Müller.
Ein Advokat.	Hr Heydrich.
Julchen, ein Kammermädchen.	Mlle Defraine.
Fritze, ein Bedienter.	Hr. Weidmann.

Nach diesem das Lustspiel in einem Aufzuge,
Die indianische Wittwe, oder der Scheiterhaufen.

Beyde Stücke sind, beym Logenmeister gedruckt zu haben, jedes für 17. Kreuzer.

Die Eintrittspreise sind dermalen folgendermassen herabgesetzet.

Im ersten Parterre	1 fl. — kr.
Im zweyten detto	— 20
Im dritten Stocke auf beyden Seiten	— 10
Im vierten Stock	— 7
Die Logen am Parterre, im ersten und zweyten Stock bezahlen	1 —

Der Anfang ist um 7. Uhr.

Der Kaiser kümmerte sich um alles. Nachdem das neuernannte Nationaltheater am 8. April 1776 mit zwei recht mediokren Stücken – „Die indianische Witwe“ und „Die Schwiegermutter“ – eröffnet worden war, ließ er dekretieren: „Es dürfen nur mehr gute Originale und wohlgeratene Übersetzungen aufgeführt werden.“

Das Publikum, das derbere Kost gewöhnt war, blieb anfänglich den Vorstellungen fern, doch Joseph hielt an seinen Prinzipien fest und erklärte, wie der Schauspieler Joseph *Lange* in seinen Memoiren berichtet: „Nur so zu! Sie werden schon kommen.“

Was das Publikum von „guten Originalen und wohlgeratenen Übersetzungen“ hielt, hat der zeitgenössische Chronist Eipeldauer in seinen Briefen festge-

halten. Nach der Premiere von „Hamlet“ am 14. Februar 1778 schrieb er: „Hernach hat mich der Wiener Vetter in d’Komödie geführt. Da hab ich einen Geist g’sehn, den hat einer erstechen woll’n. Weiß schon, was es für ein Stück gewesen ist. Der Hamled. Aber den König Lür soll er erst g’seh’n hab’n. Der ist noch viel narrischer. Da werden noch mehr umgebracht. Und wenn einer auch ein wenig g’rührt werden wollt, so macht der Hofnarr seinen Spass drein. Man kann gar nicht traurig werden. Hernach hat eine Gift genommen und eine haben's hinter der spanischen Wand erstochen und da haben d'Zuschauer bald g'lacht und bald g'weint und wie die Komödie ausgewesen, haben's den sehen wollen, der so viel Leut' erstochen hat."

Auch dem Kaiser waren nicht alle Stücke genehm. So hatte Joseph bereits im Jahre 1777 dekretieren lassen: „Seine Majestät wolle keine Stücke vorgestellet wissen, in welchen Leichenbegängnisse, Kirchhöfe, Totengrüfte und ähnliche traurige Auftritte vorkommen. Unter dieser Betrachtung bleibt also ‚Romeo und Julia' für immer verboten."

Der Kaiser wollte auf seiner Bühne nicht nur gute Stücke, sondern auch gute Schauspieler sehen. In diesem Sinne wurde das Ensemblemitglied Johann Heinrich Friedrich *Müller* beauftragt, sich „nach Hamburg, Berlin, Dresden und anderen besten Theatern Deutschlands zu verfügen" und nach einer Soubrette und einem jungen Liebhaber Ausschau zu halten. Vor seiner Abreise im September 1776 ließ ihn der Haus-, Hof- und Staatskanzler Fürst *Kaunitz* in seine Loge rufen und sagte zu ihm: „Sehen Sie nur bei der Wahl eines Liebhabers vorzüglich auf Jugend, Wuchs, leichten, edeln Anstand und eine reine Mundart. Er muß nicht gar zu groß sein, keinen hervorragenden Bauch haben, seine Augen müssen sprechen, groß, rund und nicht gespalten, sein Gang fest und nicht schleppend sein. Er muß durch die Anmut seiner Jugend den Schimmer hervorbringen, den man im Schauspiele sucht..."

So sehr schätzte der Kaiser seine Schauspieler, daß er sie durch den Hofmaler *Hickel* porträtieren ließ. Die Bilder wurden im Vorraum seiner Loge aufgehängt und stellten den Grundstein der noch heute existenten Ehrengalerie des Burgtheaters dar. Als Madame *Sacco* für die Bildunterschrift ihr Geburtsjahr mit 1754 angab, meinte Joseph: „Wir wollen so gefällig sein und es ihr glauben. Künftig aber bleibt das Alter von den Porträts weg, damit die Weiber keine Gelegenheit haben, uns etwas vorzulügen."

Tatsächlich gab sich der Kaiser im Umgang mit den Leuten vom Theater keinen Illusionen hin, was sein berühmt gewordener Ausspruch beweist: „Leichter ist's, eine Armee als zwanzig Schauspieler in Zucht und Ordnung zu halten."

Da das Burgtheater nach wie vor auch Opernbühne war, mußte sich der Kaiser nicht nur mit Schauspielern, sondern auch mit Sängern ärgern. Als ihm Graf *Rosenberg*, der die Theateragenden führte, berichtete, daß die Sängerin Sorace mitten in der Saison schwanger geworden sei, antwortete Joseph: „Die Sorace hat den Vorteil, daß sie so ziemlich das ganze Jahr hindurch die Taille einer schwangeren Frau hat, infolgedessen wird man den Unterschied nicht so leicht merken."

Und als ihm Graf Rosenberg über Gagenforderungen der Sänger referierte, meinte der Kaiser: „Wir wollen nicht die Gagen dieser Trillerer ins Ungemessene erhöhen zu einer Zeit, in der man keineswegs über die allgemeine Lage sicher ist, in der unter Umständen hundert Grenadiere mehr viel bessere Dienste leisten als diese Buffons, die ungefähr dasselbe Geld kosten."

Der Kaiser kontrollierte nicht nur, was auf der Bühne vor sich ging, sondern widmete seine Aufmerksamkeit auch den Vorgängen im Zuschauerraum. So schrieb er am 7. Februar 1786 an Graf *Pergen:* „Ich vernehme, daß gestern Montags im National-Theater eine Zwistigkeit zwischen einem gewissen Baron Bertram und dem Regierungsrat von Mayenberg vorgefallen, und diese mit einer vom ersteren den letztem gegebenen Ohrfeige ausgegangen sey. Da nun derley Unanständigkeit in einem öffentlichen Orte nicht wohl ungeahndet belassen werden können, so werden Sie die Sache erheben lassen, und mir sonach die Anzeige hievon machen lassen."

Unter Joseph II. wurde am Burgtheater Musikgeschichte gemacht: Am 16. Juli 1782 fand die Uraufführung von Mozarts „Entführung aus dem Serail", des ersten deutschen Singspiels von Bedeutung, statt. Nicht

alle Zeitgenossen vermochten das Ereignis zu würdigen. So schrieb Graf Karl *Zinzendorf*, ohne den Namen des Komponisten auch nur zu erwähnen, in sein Tagebuch: „Die Musik ist zusammengestohlen."

Das Textbuch zur „Entführung aus dem Serail" hatte der Burgschauspieler Gottlieb *Stefanie* der Jüngere nach einem Stück von Emil *Bretzner* verfaßt. Prompt erschien einige Zeit nach der Premiere in der „Leipziger Zeitung" folgende Erklärung Bretzners: „Ein gewisser Mensch namens *Mozart* hat sich erdreistet, mein Drama ‚Belmont und Constanze' zu einem Operntext zu mißbrauchen. Ich protestiere hiemit feierlichst."

Am 1. Mai 1786 fand die Uraufführung von Mozarts „Hochzeit des Figaro" statt. Graf Karl Zinzendorf erwies sich wieder als strenger Kritiker, der in seinem Tagebuch festhielt: „1. Mai 1786. Abends 7 Uhr in der Oper die Hochzeit des Figaro. Der Text ist von

Daponte, die Musik von Mozhardt. Die Oper hat mich gelangweilt ... Die Musik ist sonderbar: Hände ohne Kopf!"

Das Publikum dachte anders. Es mußten so viele Gesangsstücke wiederholt werden, daß Vater Mozart am 18. Mai voll Stolz seiner Tochter nach Salzburg berichtete: „Bey der zweyten opera deines Bruders sind 5 Stück; – und bei der 3ten Aufführung 7 Stück repetiert worden, worunter ein kleines Duetto 3mahl hat müssen gesungen werden."

Wegen der vielen Wiederholungen dauerte die „Figaro"-Aufführung so lange, daß der Kaiser folgendes Dekret erließ: „Es wird hiermit zu wissen gemacht, daß von nun an, um die für das Singspiel bestimmte Dauerzeit nicht zu überschreiten, kein aus mehr als einer Singstimme bestehendes Stück mehr wird wiederholt werden."

Bald nach der Premiere in Prag wurde auch der „Don Giovanni“ in Wien aufgeführt, worüber Daponte, von dem das Libretto stammte, in seinen Memoiren folgendermaßen berichtet: „Der Don Juan gefiel nicht! ... Und was sagte der Kaiser davon? ‚Die Oper ist köstlich, ist göttlich, vielleicht selbst besser noch als der Figaro, aber – sie ist keine Speise für die Zähne meiner Wiener!‘ Ich erzählte Mozart diesen Ausspruch, der mir, ohne unruhig zu werden, erwiderte: ‚Man soll ihnen nur Zeit lassen, sie zu kauen.‘“

Joseph II. war aber bei aller Wertschätzung für Mozart stets der Ansicht, daß dessen Musik zu kompliziert sei, und schrieb in diesem Sinne am 16. Mai 1788 aus dem Feldlager in Semlin an seinen Theatergrafen Rosenberg in Wien: „Im übrigen sehen Sie zu, wie Sie sich am wenigsten schlecht einrichten können für das kommende Jahr. Die Musik des Mozart ist viel zu schwierig für den Gesang.“

Nach dem Tode Josephs II. im Jahre 1780 und dem kurzen Interregnum seines Bruders Leopold bestieg im Jahre 1792 dessen Sohn *Franz* den Thron, der sich in den 43 Jahren seiner Regentschaft als treuer Freund des Burgtheaters erwies. Er besuchte es oft, interessierte sich für alles und mischte sich in nichts hinein. Damit setzte er ein Exempel, das eine Generation später sein Großneffe Franz Joseph in den 68 Jahren seiner Herrschaft treulich befolgte. Der gute Kaiser Franz, wie er sich gerne nennen ließ, mischte sich nicht einmal in Angelegenheiten der Zensur, die ja in seinem Namen ausgeübt wurde, ein. So erschien einmal bei ihm der Burgschauspieler *Heurteur*, um ihn zu bitten, eine Aufführung des verbotenen Stückes „Die Kreuzfahrer“ von Kotzebue zu ermöglichen. Der Kaiser nahm das Textbuch entgegen und gab dem Schauspieler die wenig ermutigende Antwort: „Ich will's lesen, aber Sie werden sehen, wir richten nichts aus!"

Ein anderes Mal erschien der Dichter Eduard von *Bauernfeld* in Audienz beim Kaiser, beschwerte sich, daß der Obersthofmeister Graf Czernin seine Stücke verbot, und meinte: „Das ist doch Ihr Theater, Majestät,

und Sie haben zu befehlen." Worauf Kaiser Franz sagte: „Ihre Stücke gefallen mir, und ich seh sie gern, sie sind recht lustig. Aber wenn der Czernin nein sagt – nur der hat zu befehlen."

Angesichts dieser Zustände erzählte man in Wien, der Kaiser habe gesagt: „Heut muß ich in die Premiere ins Burgtheater gehen, sonst verbietet mir die Zensur das Stück, und ich hab's noch gar nicht g'sehn!"

Auch Franz *Grillparzer* hatte unter der Zensur zu leiden, die ihm sogar sein ganz und gar patriotisches

Stück „König Ottokars Glück und Ende“ verbot. Lange Zeit danach, als das Stück bereits erlaubt war, traf Grillparzer den zuständigen Hofrat der Zensurbehörde und fragte ihn: „Sagen Sie mir, was haben Sie in diesem Stück eigentlich Anstößiges gefunden?“ – „Gar nichts“, antwortete der Beamte, „gar nichts; aber ich hab mir gedacht: Man kann nie wissen!“

Grillparzer hatte nicht nur mit der Zensur Probleme. Nachdem der „Ottokar“ endlich freigegeben worden war und die Proben am Burgtheater begonnen hatten, saß der Dichter in seinem Stammlokal, dem Matschakerhof, friedlich beim Mittagessen, als an seinem Tisch ein vom Oberstkämmerer Fürst *Dietrichstein* entsandter Diener erschien und ihm so laut, daß es alle Gäste hören konnten, ausrichtete: „Der Herr Oberstkämmerer lassen Ihnen sagen, wenn S’ wieder a Stuck schreiben, solln S’ nit so viele Personen hineinbringen, ’s ist ja gar kein Auskommen!“

Oberster Zensurbeamter war lange Zeit der Hofrat Franz Carl *Hägelin*, der im Jahre 1795 Vorschriften für das Burgtheater erließ, in denen es u. a. hieß: „In ‚Cabale und Liebe‘ befindet sich eine fürstliche Maitresse, dieser Charakter ist anstößig, also das ganze Stück nicht zulässig. – Personen männlichen Geschlechts können der Tugend Schlingen legen, Versuche und sträfliche Anträge machen, allein, ein Frauenzimmer kann nie, wäre es auch nur zum Scheine, einwilligen. – Wissentliche Kuppler und Kupplerinnen von Metier können nie ausführbare Charaktere sein. Der Kammerherr Marinelli in der ‚Emilia Galotti‘ kuppelt zwar seinem Fürsten, allein er tut es nicht aus Gewerbe, sondern als ein niederträchtiger Höfling. – Der Censor hat auch darauf zu sehen, daß nie zwei verliebte Personen miteinander allein vom Theater abtreten, um sich in ein Kabinett oder Haus hineinzubegeben, wodurch der Zuschauer bewogen wird, arges zu vermuthen. – Der Doctor Faust von Weidmann ist auch darum anstößig, weil der Engel, der darin vorkömmt, viel weniger Verstand in seinen Reden wider den Verführer zeigt, als Mephistofeles, der viel mehr Witz in seinen Gegengründen für das Laster äußert.“

Es gab auch Verbote anderer Art. So erschien im Februar 1799 auf dem Theaterzettel ein Vermerk, wonach das unzüchtige Berühren der Damen verboten sei. Graf Prosper *Sinzendorf*, der Stammgast im Burgtheater war, hat auch den Anlaß für diesen Theaterzettelvermerk notiert: „La Comtesse *Wasa* etait pincée dans la derriere peut etre de plus haute passage."

Daß es auch ansonsten im Burgtheater recht ungezwungen zuging, beweist ein Vermerk auf dem Theaterzettel vom 23. August 1796: „Man ersuchet keinen Hund mit in das Theater zu nehmen."

Der Theaterzettel war das Organ für Mitteilungen aller Art. So hieß es am 2. November 1797: „Es ist Dienstag im Nationaltheater auf der Retirade eine spinspeckene Sackuhr liegen geblieben. Der edle Finder derselben wird höfl. ersucht selbe gegen Rekompenz an die Theaterkasse abzugeben."

Der Schauspieler Stephanie der Jüngere hatte Calderons „Der Richter von Zalamea" übersetzt, bearbeitet und unter dem Titel „Der Oberamtmann und die Soldaten" auf die Bühne des Burgtheaters gebracht. Anläßlich der dritten Aufführung des Stückes am 29. Juli 1780 enthielt der Theaterzettel folgende Mitteilung: „Da der Verfasser wahrgenommen, daß der fünfte Akt dieses Stückes, so wie es die beyden erstemale aufgeführt worden, grösstentheils mißfallen hat, so hat er denselben ganz abgeändert und wird das Stück heute nach der neuen Abänderung aufgeführt werden. Die Katastrophe u. die Vorbereitung dazu gehörte vorher ganz Calderon, nach der itzigen Abänderung aber hat der Verfasser im ganzen Stück nur noch die Haupt-Idee und die Anlage einiger Charaktere, worunter besonders der General ist, entlehnt."

Der Brauch, den Theaterzettel für Informationen zu verwenden, blieb bis ins neunzehnte Jahrhundert hinein lebendig, wobei das Publikum oft die erstaunlichsten Dinge erfuhr. So hieß am 16. Juli 1804: „Herr Ludwig Porte mit seiner Gesellschaft von Seiltänzern, Seilschwingern und Luftspringern. Herr Paul Chiarini wird mit 2 rohen Eyern an der Fussohle gebunden auf dem gespannten Seil ohne eins zu zerbrechen, tanzen."

Am 1. April 1806 wurde auf dem Theaterzettel angekündigt: „Concert-Academie. Zwischen der ersten und zweiten Abtheilung wird Mad. Roose Johanna's Abschied von ihrer Heimat aus Herrn von Schillers Jungfrau v. Orleans mit Begleitung der Harmonika declamieren."

Nachdem das Burgtheater seit dem April 1776 zuerst vom Ensemble, das wöchentlich einen Diensttuenden, den sogenannten „Wöchner" bestellte, dann von

1789 bis 1790 vom Schauspieler Franz *Brockmann* und anschließend von einem Regiekollegium geleitet worden war, dachte man im Jahre 1793 wieder einmal an eine Verpachtung. Prompt zirkulierte daraufhin in Wien das folgende an den Kaiser gerichtete Verslein:

„Verpachte nicht das Herz der Untertanen!
Lass, Vater, diesmal Deine Milde siegen,
Verpachte nicht des deutschen Volkes Vergnügen,
Verpachte nur die deutsche Bühne nicht!"

Das Verslein nützte aber nichts, denn verpachtet wurde doch. Peter von *Braun*, der neue Herr der Bühne, ließ das Burgtheater renovieren, und am Abend des 1. September 1794, nach der ersten Vorstellung im neugestalteten Zuschauerraum, flatterten aus vier Öffnungen des Plafonds Zettel, auf denen zu lesen stand:

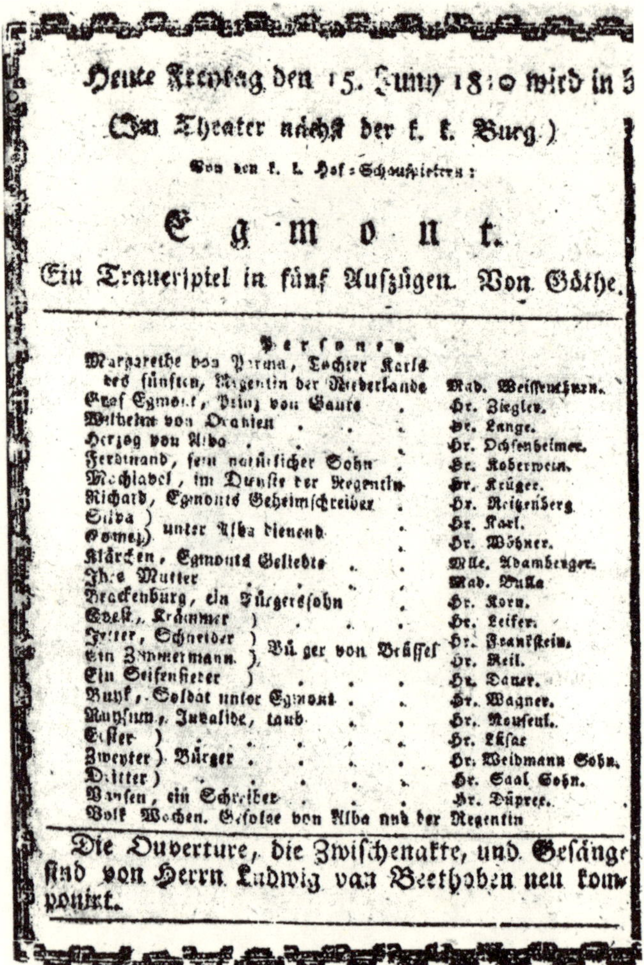
Heute Freytag den 15. Juny 1810 wird in [illegible]
(Im Theater nächst der k. k. Burg.)
Von den k. k. Hof-Schauspielern:

Egmont.

Ein Trauerspiel in fünf Aufzügen. Von Göthe.

Personen

Margarethe von Parma, Tochter Karls des fünften, Regentin der Niederlande	Mad. Weissenthurn.
Graf Egmont, Prinz von Gaure	Hr. Ziegler.
Wilhelm von Oranien	Hr. Lange.
Herzog von Alba	Hr. Ochsenheimer.
Ferdinand, sein natürlicher Sohn	Hr. Koberwein.
Machiavel, im Dienste der Regentin	Hr. Krüger.
Richard, Egmonts Geheimschreiber	Hr. Reitzenberg.
Silva, unter Alba dienend	Hr. Karl.
Gomez, unter Alba dienend	Hr. Wöhner.
Klärchen, Egmonts Geliebte	Mlle. Adamberger.
Ihre Mutter	Mad. Bulla.
Brackenburg, ein Bürgerssohn	Hr. Korn.
Soest, Krämer, Bürger von Brüssel	Hr. Leifer.
Jetter, Schneider, Bürger von Brüssel	Hr. Frankstein.
Ein Zimmermann, Bürger von Brüssel	Hr. Reil.
Ein Seifensieder, Bürger von Brüssel	Hr. Dauer.
Buyk, Soldat unter Egmont	Hr. Wagner.
Ruysum, Invalide, taub	Hr. Rouseul.
Erster Bürger	Hr. Lkfar.
Zweyter Bürger	Hr. Weidmann Sohn.
Dritter Bürger	Hr. Saal Sohn.
Vansen, ein Schreiber	Hr. Düpree.
Volk, Wachen, Gefolge von Alba und der Regentin	

Die Ouverture, die Zwischenakte, und Gesänge sind von Herrn Ludwig van Beethoven neu komponirt.

„Der Schauspielsaal vergrössert und erneut
Ihr Freunde des Geschmacks, ist eurer Lust geweiht!
Hier sollen Blumen auch, gepflanzet von Thalien
Und von Melpomenen, mit stetem Wechseln blüh'n.
O dass ihr sie des Beifalls würdig schätzt,
Und manchen Abend euch an ihrem Duft ergötzt!"

Josef Lange

Es wurde nicht nur renoviert, sondern auch reformiert. Im Jahre 1799 trat ein neues Theaterstatut in Kraft, in dem es unter anderem hieß: „Das Trauerspiel sey reich an Handlung, an erhabenen Gesinnungen, ohne ins Grässliche, ins Übernatürliche zu fallen; es soll Mitleid und Furcht erregen, aber nicht Abscheu oder Entsetzen. Es hat eine edle Sprache zu führen, aber keinen voll Phantasien verwebten Wortkram. Das rührende Lustspiel, dessen Handlung zwischen dem Täglichen und dem Seltenen steht, zeige besondere Charaktere, möglichere, rührendere Handlung als das Trauerspiel, ohne ins Romanhafte zu fallen; die Empfindungen, die es erregt, seien angenehm, ohne zu erschrecken. Jeder Charakter sey belehrend, das Ganze zwecke zur Sittenlehre ab, ohne abgeschmackt oder ermüdend zu werden."

Nach der Pachtperiode Peter von Brauns und einer siebenjährigen „Kavaliersdirektion" einiger theaterbegeisterter adeliger Herren trat im Jahre 1814 ein Mann an die Spitze des Hauses, der den Titel Burgtheaterdirektor als erster voll und ganz verdient hätte, ihn aber nie erhielt: Joseph Schreyvogel, als Dichter auch unter den Namen Thomas West und Karl August West bekannt. Schreyvogel leitete zwar achtzehn Jahre lang die Geschicke des Hauses, trug aber stets nur den Titel Artistischer Sekretär. Der feinsinnige Dichter kam

anfänglich nur schwer mit den Widrigkeiten des Theaterbetriebes zurecht. So notierte er bald nach seinem Amtsantritt im Jahre 1814 in seinem Tagebuch: „2. Mai: Die Last der Geschäfte ist beinahe erdrückend. 3. Mai: Ich war gestern so erschöpft und überreizt, dass ich Medizin nehmen musste. 6. Mai: Ich komme von der Probe, wo ich wieder mit den Regisseurs viel ausstand.

28. Mai: Man ist unzufrieden mit mir und wird es noch viel mehr werden. 30. Mai: Ich hatte heute mit dem Orchester zu unterhandeln – in einer Stimmung, die kaum widriger sein könnte. 15. August: Es ist eine starke Cabale gegen mich am Werk, an deren Spitze der elende Schlegel steht."

Wenn Schreyvogel trotz aller Widrigkeiten achtzehn Jahre lang an der Spitze des Hauses blieb, dann nicht zuletzt deshalb, weil er nicht nur ein feinsinniger Poet, sondern auch ein erfahrener Praktiker war, der wußte, was das Publikum wollte. So führte er im September 1815 Guilbert-Pixerécourts Drama „Der Hund des Aubrey de Mont-Didier" auf, jenes Stück, dessentwegen Goethe in Weimar voll Entrüstung als Theaterleiter zurückgetreten war. Das Drama, das Castelli für das Burgtheater bearbeitet hatte, erregte dank des Hundes, der darin auftrat, so großes Aufsehen, daß es im Zuschauerraum zu einem riesigen Gedränge kam und – wie es in einem zeitgenössischen Bericht hieß – „Damen das Orchester und mehrere Bänke überstiegen, um auf ihre Sitze zu gelangen". Schließlich erschien bei den Aufführungen des Stückes auf dem Theaterzettel folgender Vermerk: „Ein verehrungswürdiges Publicum wird höflichst ersucht, sich beim Erscheinen des Hundes gefälligst ruhig zu verhalten, um eine mögliche Störung Ihres eigenen Vergnügens zu verhindern."

Trotz offensichtlicher Erfolge wurde Schreyvogel am 13. Mai 1832 brüsk entlassen. Als er wenige Tage danach noch einmal in der Kanzlei des Burgtheaters vorsprach, entspann sich zwischen ihm und einem anwesenden Hofbeamten folgender Dialog: „Was wünschen Sie, Herr Schreyvogel?" – „Meinen Schirm und Überzieher." – „Die sollen Ihnen nachgeschickt werden, falls sie sich vorfinden sollten." – „Drüben in der Ecke sind sie." – „Das kann ich glauben oder nicht." – „Fragen Sie den Diener! Ich werde mich auf den Tod erkälten." – „Daran liegt uns nichts."

Schreyvogel wurde das Schicksal zuteil, das auch vielen seiner Nachfolger nicht erspart blieb: Zu Lebzeiten blieb er unbedankt, doch im Tode wurde er hochgeehrt. Sein Freund Franz Grillparzer entwarf ihm die Grabinschrift, die lautete: „Thomas West, Karl August West, Josef Schreyvogel, drei Namen bezeichnen nur einen Mann, aber einen völligen. Wenn einer Lessing nahestand, war er es."

Nachfolger Schreyvogels wurde Johann Ludwig Deinhardstein, ein Literaturprofessor aus Wien, der den Intrigen, die auch ihm nicht erspart blieben, ein geradezu unerschütterliches Selbstbewußtsein entgegensetzte. Erinnerte man ihn warnend an das Schicksal seines Vorgängers, pflegte Deinhardstein zu erklären: „Einen wirklichen Regierungsrat wie mich, der Oberstenrang hat, schiebt man nicht beiseite wie einen Schreyvogel!"

Die Schauspieler beeindruckte das Selbstbewußtsein ihres Direktors kaum. So schrieb Costenoble am 6. September 1833 in sein Tagebuch: „Nach langer Zeit erschien heute Deinhardstein endlich einmal auf der Theaterprobe und unterhielt sich bald mit der neben ihm sitzenden Karoline Müller, bald mit Demoiselle Pecha, welche auf der Szene stand. Als durch diese Ungebühr ein Stocken im Ensemble entstand, sagte Karoline: ‚Wissen Sie, Herr Direktor, daß die Leute sagen: Schreyvogel kam aufs Theater die Proben abzuhalten. Sie hingegen kommen, um sie aufzuhalten.'"

Florierten zu Schreyvogels Zeiten die Hunde auf der Bühne, so waren nun die Affen en vogue. Im Theater an der Wien trat mit größtem Erfolg der Affenmimiker Klischnigg in Nestroys Posse „Der Affe als Bräutigam" auf; im Burgtheater erwies sich zur gleichen Zeit Friedrich Halms „Griseldis" als Zugstück. Deinhardsteins lakonischer Kommentar dazu: „Die ‚Griseldis' ist unser Aff'."

Von Anfang an kamen viele Schauspieler aus deutschen Landen ans Burgtheater. Sophie Schröder, die berühmteste Tragödin ihrer Zeit, stammte aus Paderborn und war für ihr vielfältiges Liebesleben bekannt. Als sie einmal nach der Vorstellung vor dem Burgtheater ihren Wagen besteigen wollte, umarmte sie plötzlich ein junger Mann mit den Worten: „Erkennst du mich, Mutter?“ Die Schröder betrachtete ihn erstaunt und meinte: „So? Du bist auch einer?“

Als in einer Gesellschaft von dem Glück die Rede war, das leidenschaftliche Liebe gewährt, rief die damals sechzigjährige Sophie Schröder pathetisch aus: „Dieser Leidenschaft habe ich auf ewig entsagt! Auf ewig!!!“ Maliziös fragte daraufhin eine der anwesenden Damen: „Seit wann?“ Darauf die Schröder: „Seit zwei Monaten!“

An Sophie Schröder, die auch noch in hohem Alter und mit beträchtlichem Körperumfang jugendliche Liebhaberinnen spielte, erwies sich, daß das Wiener Publikum seinen Lieblingen, die es erst einmal ins Herz geschlossen hatte, bis zuletzt und allen Äußerlichkeiten zum Trotz die Treue hielt. Ludwig *Tieck* brachte dieses Phänomen auf die einprägsame Formel: „Die alte Schröder sieht aus wie eine Marketenderin, aber sie spielt wie eine Göttin."

In vorgerücktem Alter verliebte sich Sophie Schröder in den Schauspieler Kunst und wollte ihn ans Burgtheater bringen, um ihn zu heiraten. Sie erbat deshalb eine Audienz bei Kaiser Franz, der aber zunächst zu ihr sagte: „Schröder, seins g'scheit und lassens die dummen Heiratsg'schichten. Schauns, an altes Weiberl und so a jungs Manderl!" – „Ich ein altes Weiberl!" erwiderte die Schröder entrüstet. „Noch nicht ganz 45, Majestät!" Der Kaiser ließ sich aber von seiner Auffassung nicht abbringen: „Na, ich man halt, er kunnt fast zwamal Ihr Bub sein." Als darauf Sophie Schröder drohte, Wien zu verlassen, falls man ihren in Aussicht genommenen Ehemann nicht ans Burgtheater berufe, lenkte der Monarch mit den Worten ein: „Da hat die Frau recht; wo der Mann is, g'hört's Weib auch hin ..."

Der Kaiser unterhielt sich gern mit Schauspielern. Als der Komiker Friedrich *Baumann*, ein gebürtiger Wiener, den Monarchen im Jahre 1824 in einer Audienz bat, trotz seiner Pensionierung noch einmal auftreten zu dürfen, entspann sich zwischen dem Kaiser und dem Komiker folgender, von Costenoble festgehaltener Dialog: „Spül'n willst no amal, Baumann? Denkst g'wiss an a Benefice?" – „Na, Majestät, i wüll nur Abschied nehmen." – „Z'weg'n meiner kannst scho spül'n." – „Aber Majestät müassen ins Theater kommen." – „Kimm scho, Baumann." – „Aber Majestät, i laß mi net anbleameln. I schau fei durch's Vorhanglöchl. Is ka Majestät nöt da, nachher lauf i auf und davon und spül' net!"

Einer der witzigsten Schauspieler des Burgtheaters war der Komiker Friedrich *Beckmann,* dem zu jedem Anlaß ein passendes Bonmot einfiel. Als er erfuhr, daß eine Woche zuvor ein stadtbekannter Wiener Wucherer gestorben war, meinte er: „Jetzt fängt gewiß auch schon das Gras auf seinem Grab zu wuchern an."

Weil Beckmann nicht nur ein großer Komiker und witziger Mensch, sondern auch ein leidenschaftlicher Jäger war, schlug der Dramatiker *Kaiser* folgende Grabinschrift für ihn vor:

„Zieht ab hier eure Mütze,
Ein Komiker, ein Schütze
Liegt hier im feuchten Loch.
Die Witze, die er sagte,
Die Hasen, die er jagte,
Sie leben alle noch!"

Der Komiker Moritz *Reitzenberg* hielt es nur drei Jahre am Burgtheater aus. Als er engagiert wurde, belehrte man ihn: „Herr Reitzenberg, am Burgtheater muß man sich eines einwandfreien Lebenswandels befleißigen. Es heißt aber, daß Sie sich dann und wann betrinken." Darauf Reitzenberg: „Das ist eine ganz gemeine Verleumdung. Ich betrinke mich alle Tage!"

Die lange Reihe der Burgschauspieler, die nicht nur in ihrem künstlerischen Beruf, sondern auch in einer weiteren Beschäftigung brillierten, eröffnete der Komiker Ferdinand *Ochsenheimer,* der als bedeutender Insekten- und Schmetterlingsforscher seine Zeit zwischen Wissenschaft und Burgtheater teilte. So groß war das Ansehen Ochsenheimers, der 1807 am Burgtheater debütiert hatte, daß ein junger Schauspieler einmal schwärmerisch ausrief: „Ach wäre ich doch nur die Hälfte von diesem großen Künstler!" Worauf ihn der alte *Weidmann* mit den Worten zurechtwies: „Sein S' doch ruhig, die erste Silb' von ihm sind's ja schon!"

Etwas war für die Schauspieler des Burgtheaters von Anbeginn charakteristisch: Sie hatten oft ein distanziertes Verhältnis zum Text ihrer Rollen. Als man daher eines Tages Gottfried Moritz *Saphir* den Souffleur des Burgtheaters vorstellte, quittierte der Satiriker die Bekanntschaft mit dem lakonischen Kommentar: „Von Ihnen habe ich schon viel gehört!"

Unter *Ferdinand dem Gütigen,* der nach dem Tode seines Vaters im Jahre 1835 den Thron bestieg, und Franz von *Holbein,* der 1841 Nachfolger Deinhardsteins wurde, war das Burgtheater zwar ein Hort biedermeierlicher Beschaulichkeit und vormärzlicher Stille, zugleich aber doch für positive Neuerungen gut. Hatte einst die Erhebung zum Nationaltheater das Prestige des Schauspielers gemehrt, so bedeutete nun die Einführung der Tantieme eine moralische und materielle Anerkennung für die Autoren. Die diesbezügliche Kundmachung vom 10. Februar 1844 lautete: „Der Verfasser eines Originalwerkes erhält auf Lebenszeit und auf zehn Jahre für seine Erben von den sich ergebenden Brutto-Einnahmen folgende Anteile: Für ein abendfüllendes Stück 10 %, für ein Stück, welches, um den Abend auszufüllen, eines Vor- oder Nachspieles bedarf 6 %, für ein Stück, welches eines mehraktigen Vor- oder Nachspieles bedarf 3 %."

In den Frühlingstagen des Jahres 1848 umbrandete die Revolution das Burgtheater. Vom 13. bis 20. März war das Haus geschlossen, ab 24. April stand auf dem Programmzettel nicht mehr „Burgtheater", sondern „Hof- und Nationaltheater". Man gab an diesem 24. April, der auch der Geburtstag Kaiser Ferdinands war, „Die Karlsschüler" des künftigen Direktors Heinrich *Laube* und eröffnete die Vorstellung mit einem Prolog von Ludwig August *Frankl,* in dem es hieß:

„Ihr kennt den Ruf: der Freiheit eine Gasse!
Unsterblich ist der Name Winkelried.
Lang kämpfte Kunst hier mit gemeinem Hasse;
Gebt Raum der Dichtung. Raum dem freien Lied!"

ZWEITES KAPITEL

Einen guten Schauspieler hole ich mir vom Galgen

ODER DIE GROSSE ZEIT DES ALTEN HAUSES

1848 – 1888

Die neue Zeit brachte dem Burgtheater auch einen neuen Direktor: Heinrich Laube, von den Schauspielern wegen seines selbstbewußten Wesens „König Klotz“, von den Wienern wegen seiner unleugbaren Erfolge der „Burgtheaterradetzky“ genannt. Der

Laube im Olymp.

gebürtige Niederschlesier Laube fühlte sich, wie viele seiner Nachfolger aus nördlicheren Breiten, in Wien sehr wohl, war es doch, entgegen allen anderslautenden Behauptungen, eine Theaterstadt. Laube hat dafür eine zeitlos schöne und gültige Formel gefunden, als er schrieb: „Die Schauspielkunst ist Mittelpunkt des Wiener Lebens, der Wiener Stolz, Sehnsucht und Vergnügen. Für die Schauspielkunst ist Österreich das Land der Märchen. Wäre das Theater nicht erfunden, die Österreicher erfänden es."

Laube führte die Verhandlungen über seinen Vertrag mit Graf *Grünne,* dem Generaladjutanten des jungen Kaisers *Franz Joseph,* der im Gefolge der Revolutionswirren als Nachfolger seines Onkels Ferdinand den Thron bestiegen hatte. Nachdem sich Laube eine Direktionszeit von mindestens fünf Jahren erbeten hatte, fragte Grünne: „Warum fünf Jahre?" Laube antwortete: „Weil ich in den ersten drei Jahren aufräumen muß. In dieser Zeit schaffe ich mir nur Feinde. Freunde kann ich mir erst im vierten und fünften Jahr schaffen!"

Der Finanzminister *von Krauss* war, was die Vertragsdauer betraf, anderer Ansicht und deponierte bei Hof: „Jedenfalls schiene es mir geraten, den Dr. Laube vorläufig nur zeitweise anzustellen, denn gleichwie von Holbein den Erwartungen nicht entspricht, ist dies auch von Dr. Laube möglich und der Staatsschatz wäre dann der Gefahr ausgesetzt, zwei ungeeignete Directoren zu besolden und neben ihnen einen dritten anzustellen."

Die Sorge des Finanzministers war unbegründet. Laube, der im Dezember 1848 sein Amt antrat, entsprach völlig den Erwartungen und blieb nicht nur fünf, wie er verlangt hatte, sondern insgesamt achtzehn Jahre am Burgtheater. In dieser Zeit schuf er sich nicht nur Feinde, sondern auch viele Freunde, denn er war ein Meister in der Kunst der Menschenbehandlung. So kam eines Tages entrüstet der alte Theaterdiener *Schendel* zu ihm und klagte: „Herr Direktor, der Theatermeister Weber is so a grober Mensch! Wissen S', was er mir antragen hat? I soll ihm ..." – „Ist schon recht, Schendel", beschwichtigte Laube, „ich kann mir schon denken, was er Ihnen angetragen hat." Dann legte er eine kleine, kunstvolle Pause ein, ehe er mit ernster Miene fragte: „Aber, Schendel, jetzt sagen Sie, Sie haben's doch nicht getan?" – „Na, fallert mir net ein, natürli net", erwiderte der alte Diener und verließ befriedigt das Zimmer, nachdem ihm Laube erklärt

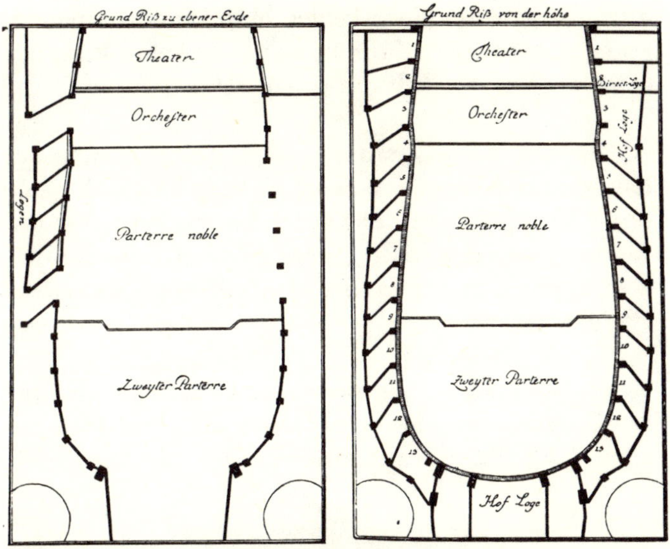

hatte: „Sehen Sie, Schendel, das war sehr gescheit von Ihnen, das haben Sie wirklich nicht nötig. Auf Wiedersehen!"

Für die Schauspieler war das unerschütterliche Selbstbewußtsein ihres Direktors ein Anlaß für manchen Scherz. So erschien eines Tages der Komiker Carl Wilhelm *Meixner* bei Laube und sagte ihm mit ernstem Gesicht: „Herr Direktor, ich war gestern in einer Gesellschaft, und dort hat man erzählt, daß Sie die Welt erschaffen haben sollen!" Darauf Laube mit ebenso ernstem Gesicht: „Das stimmt, lieber Meixner, aber erzählen Sie es, bitte, nicht weiter!"

Laube erzählte gerne, was ihm der alte Kontrolleur Wessely bei seinem Amtsantritt gesagt hatte. „Konsequenz, Herr Direktor", lautete die Mahnung des Mannes, der auf ein halbes Jahrhundert Praxis zurückblikken konnte, „nur Konsequenz hält ein Theater zusammen. Es ist besser, auch Fehler, in die man geraten ist, konsequent durchzuführen, als zu wackeln. Wenn der Chef wackelt, wackelt das ganze Haus."

Der alte Wessely rannte mit seiner Mahnung bei Laube offene Türen ein, denn der neue Direktor hatte seine Ansichten von der Theaterleitung einmal in die Worte zusammengefaßt: „Schauspieler, Räuberbanden und Soldaten brauchen eine gute Führung – sonst sind alle drei nichts wert."

Und Eduard von *Bauernfeld*, einer der Hausdichter des Burgtheaters, der es zwischen 1828 und 1910 auf rund 1 200 Burgtheateraufführungen brachte, schil-

derte die Tücken des Theaterlebens mit den Versen:

„Schöne Zeit, als mit dem Karren
Thespis fuhr den Possenvater!
Schwer ist's einen Staat regieren.
Zehnmal schwerer ein Theater!"

Laube führte gelegentlich auch Regie. Wie es dabei zuging, hat Hugo *Thimig* erzählt, der 1874 ans Burgtheater kam und im Konversationszimmer von Kollegen, die Laube noch erlebt hatten, folgende Darstellung erhielt: „Laube hatte ein Faktotum, eine Art Diener, der ihn jeden Tag von der Probe abholen mußte. Er kam immer mit zwei Hunden und erschien pünktlich um ein Uhr auf der Bühne. Da konnte es nun geschehen, daß Laube Kritik hielt und etwa sagte: ‚Meine Herrschaften, in dieser Szene kommt es auf folgendes an: Diejenigen Herren, die auf der linken Seite stehen, müssen darauf achten, daß sie – Mahlzeit!'"

Das Universalgenie Laube leitete das Burgtheater, führte Regie, schrieb weiterhin Stücke und zögerte nicht, sie im eigenen Hause aufzuführen. Nachdem im Jahre 1866 sein Schauspiel „Graf Essex" Premiere gehabt hatte, schrieb ein boshafter Rezensent: „Zum Schluß der Vorstellung nahm Direktor Laube für den nichtvorhandenen Dichter den spärlichen Dank des Publikums entgegen."

Laube war nicht nur ein Praktiker, sondern auch ein Theoretiker des Theaters, der in seinen Schriften zeitlos gültige Ansichten über dieses Metier äußerte. Zu seinen bevorzugten Themen gehörte der Kampf gegen das Überhandnehmen des Ausstattungswesens. Dazu schrieb er: „Der Luxus der Ausstattung ist das Lotterbett für ein gedankenloses Publikum und der Erbfeind keuscher poetischer Welt. Ich gestehe offen, daß ich leichter Geld für einen guten Schauspieler als für eine schöne Dekoration ausgebe. Es ist eine Tapezierer-Dramaturgie entstanden, welche das Motto führt: Eher zu viel, als zu wenig! – Die Ausstattung knapp, die Ausführung reich! Das ist mein Motto!"

Über das Hoftheater des Herzogs von Meiningen, das für die Akkuratesse seines Aufführungsstils bekannt war, spottete Laube: „Ja, die Meininger! Sie sind Messiasse. Sie haben Fenster aus Perlmutter und Perlvater! Sie haben echte Kostüme, aber keine echten Schauspieler!"

Laube ließ es nicht bei der Theorie bewenden, sondern sorgte in seinem Hause, wo er konnte, für Sparsamkeit der Dekoration. Als sich ein Hamletdarsteller bei ihm über die Kargheit der Ausstattung beschwerte, rief Laube: „Herrgott, Sie spielen den ‚Hamlet' ohnehin schon mit vier Sesseln mehr als jeder andere. Aber, wenn Sie es durchaus für nötig halten, meinetwegen: Requisiteur, noch zwei Stühle mehr!"

Mit seinen Auffassungen über die Sparsamkeit im Ausstattungswesen kam Laube den Ansichten seiner obersten Dienstherren entgegen. So erging im Februar 1865 ein „Erlaß der obersten Hofdirektion gegen den Kleiderprunk und den Ausstattungsluxus", in dem es hieß: „Das Hofburgtheater, dessen Aufgabe eine höhere, edlere ist als durch Kleiderprunk zu blenden, soll den Anstand in der Ausstattung ins Auge fassen, aber jeden überflüssigen Luxus vermeiden!"

In den Anfängen seiner Regierungszeit kümmerte sich Kaiser Franz Joseph, der ein eifriger Besucher des Burgtheaters war, auch um Details der Aufführungen. So erhielt die Direktion des Burgtheaters nach einer „Wallenstein"-Reprise im Jahre 1850 folgendes Schreiben: „Seine Majestät haben gegen das unterzeichnete Oberstkämmereramt die Unzufriedenheit mit der Darstellung der Schillerschen Trilogie – vornehmlich am zweiten Abend – auszusprechen geruht und auf mehrere Gedächtnisfehler, welche sich Schauspieler ersten Ranges, vorzugsweise aber Max Devrient (als Max Piccolomini) zuschulden kommen ließen, hingewiesen. Es fehlte dieser Darstellung in ihren wichtigsten männlichen Partien Sicherheit, Feuer und Lebendigkeit und sie entbehrte daher jener Kraft, jenes Schwunges, den man von einem Schillerschen Werke im Burgtheater zu erwarten berechtigt ist."

Über den Geschmack des jungen Kaisers ließ sich streiten. So schrieb er nach einem Burgtheaterbesuch im Jahre 1854 an seine Mutter: „Gestern war ich mit Sisi im Sommernachtstraum von Shakespeare im Burgtheater. Es war ziemlich langweilig und ungeheuer dumm. Nur Beckmann mit einem Eselskopfe ist amüsant."

Laube nahm alle Äußerungen von allerhöchster oder sonstiger Stelle gelassen hin und schrieb im Rückblick auf seine Wiener Zeit mit gutmütigem Spott: „Frivole Freunde nannten das Burgtheater das Komtessentheater. An jedem Tage einer neuen Vorstellung kamen dringende Anfragen an mich: Enthält das Stück keinen Anstoß für unschuldige Damen? Ei bewahre, – pflegte ich zu sagen und verlor darüber nach einiger Zeit jeglichen Kredit, da alle Gouvernanten beschworen, es wimmle geradezu von Anstößigkeiten in den neuen Stücken."

Kaiser Franz Joseph selbst legte sich nach dem Überschwang seiner ersten Regierungsjahre im Umgang mit dem Burgtheater bald größte Zurückhaltung auf, obwohl es dort mitunter recht lebhaft zuging. So führte man im Jahre 1859, als in Wien erregt über das ganz und gar nicht populäre Konkordat diskutiert wurde, Laubes Stück „Montrose, der schwarze Markgraf" auf, wobei es zu Demonstrationen im Zuschauerraum kam, als Josef *Wagner* in der Titelrolle die Verse sprach:

„Bringt ein Staatsgrundgesetz, das in sich selbst
Beruht, das Eurer Kirche festen Platz
Und volle Freiheit bietet – König Karl
Wird's unterschreiben, ich steh dafür ein.
Ein Grundgesetz dagegen, das den Glauben
Zum Richter macht in weltlichem Verhältnis,
Werd ich bekämpfen bis in meinen Tod."

Laube berichtet in seinen Memoiren, daß er am nächsten Tag eine Persönlichkeit aus der Umgebung des Kaisers traf und ihn fragte: „Was geschieht jetzt?" – „Nichts geschieht!" – „Und was sagt der Kaiser?" – „Er soll gesagt haben, daß er jetzt weiß, wie Sie und die Wiener über das Konkordat denken. Aber gestrichen wird nichts!"

Knabe! Bruder meines Sohns! wenn mein Sohn deiner würdig wird, wie lieb ich dich!

Ein verständlicher Eingriff von oben war es dagegen gewesen, daß bereits im Jahre 1851 durch Erlaß des Kriegsministeriums die Verwendung von Soldaten als Statisten verboten worden war. Über die Zustände, die vor diesem Verbot geherrscht hatten, berichtete ein Zeitgenosse: „Die Soldaten, die Komparsendienste leisten durften, gingen in allen mittelalterlichen Komödien in ihren Gamaschen und hatten darüber nur ein Collet an, ja es gab selbst römische Krieger, unter deren Tuniken die schwarzen Stiefel hervorguckten und die mit ihren Backenbärten recht fidel dreinsahen."

Mit dem gleichen Nachdruck, mit dem sich Laube gegen den Ausstattungsprunk wandte, trat er für den Primat des Schauspielers, insbesondere des Ensemblegedankens ein. Dazu schrieb er: „Ein Ensemble von lauter Größen ist kein organisches Ensemble, sondern ein unvermitteltes Durcheinander. – Ein gutes Ensemble läßt sich nicht improvisieren. – Uns in Wien, denen die Schauspielkunst eine edle Kunst ist, war und ist das Ensemble das Ziel dieser Kunst." Und als Krönung seiner Auffassungen vom Theaterbetrieb: „Einen guten Schauspieler hole ich mir selbst vom Galgen!"

Weil am Burgtheater Ensemblepflege seit eh und je groß geschrieben worden war, gab es so viele alte Schauspieler. Selbst jugendliche Liebespaare wurden von betagten Herrschaften dargestellt, weshalb zu Laubes Zeiten der Spottvers zirkulierte:

„Den Romeo spielen hier weißgelockte Greise
Und bei Julias Kuß wackeln die Zähne im Mund."

Der Homogenität des Ensembles entsprach der Reichtum des Repertoires. In der Spielzeit 1858/1859 standen nicht weniger als 164 verschiedene Stücke auf dem Spielplan. Was in der Praxis bedeutete, daß jeden zweiten Abend ein anderes Stück gespielt wurde. Rückschauend hat Laube seine Bemühungen um das Repertoire in die Worte gekleidet: „Mein Ideal war, nach einigen Jahren jedem Gast aus der Fremde sagen zu können: Bleibe ein Jahr in Wien, und du wirst im Burgtheater alles sehen, was die deutsche Literatur seit einem Jahrhundert Klassisches oder doch Lebensvolles für die Bühne geschaffen; du wirst sehen, was Shakespeare uns Deutschen hinterlassen, wirst sehen, was von romanischen Völkern unserer Denk- und Sinnesweise angeeignet werden kann."

Weil Laube aber auch ein Theaterpraktiker war, der wußte, worauf es ankam, deklarierte er: „Ein Theater, welches siebenmal in der Woche spielt, braucht seine Hausmannskost."

Den Wienern gefiel diese Mischung aus Klassik und Hausmannskost. Sie besuchten das Burgtheater gerne, und Laube zollte ihnen rückblickend dafür das Kompliment: „Das Burgtheater ist zum großen Teil darum ein erstes Theater geblieben, weil es durch lebhafte Teilnahme des immer erneuten Stammpublikums seinen Theaterstaat erhalten hat."

Dabei kamen die Wiener in ein Theater, das in baulicher Hinsicht alles andere als erstklassig war. Der deutsche Chronist *Sternberg* kam 1851 nach Wien, besuchte das Burgtheater und schrieb nachher: „Keine Provinzstadt Deutschlands hat so ein miserables Thea-

terlokal aufzuweisen, als die erste Bühne Wiens. Alles ist hier schlecht, Bühne, Sitze, Beleuchtung, Ein- und Ausgänge... Das Parterre hat Steh- und Sitzplätze, wer es aber mit seinem Körper gut meint, der nehme lieber einen Stehplatz, ehe er sich auf dem Sitzplatz Höllenqualen aussetzt. Will es das böse Geschick und man erhält zwei nur einigermaßen korpulente Nachbarn, so befindet man sich auf einem solchen Sitzplatz in der Situation eines Zitronenkerns, der alle Augenblicke bereit ist, aus der gepreßten Zitrone herauszuspringen."

So wie die Zuschauer litten auch die Schauspieler unter den beengten räumlichen Verhältnissen. Als der spätere Hofschauspieler Hermann *Schöne* im Mai 1863 am Burgtheater gastierte, wurde er vom Garderobier in die Garderobe des Hofschauspielers Ludwig Löwe, kurz das „Löwe-Kammerl“ genannt, geführt und erhielt folgende Erläuterung: „Wissen S’, mir san neunundzwanzig Hofschauspieler und haben bloß dreiundzwanzig Kammerln, da muß man sich behelfen, so gut’s geht. Die Herren Gäste kriegen immer die besten Kammerln. Wenn die Gäst’ dann engagiert werden, ham’s zuerst ka eigene Garderob’, sie müssen sich heut in dem Kammerl anziehn und morgen in dem, bis amal ans frei wird, dann erben sie sich in immer bessere hinauf, wann’s was können, bis sie zuletzt als Regisseur in a Kammerl mit an Fenster kommen – wenn sie’s mögen . . .!“

Primitiv wie die Garderoben waren auch die Bühneneinrichtungen, insbesondere die Beleuchtung, über die Hermann Schöne, dem es trotz aller Primitivität am Burgtheater so gut gefiel, daß er ihm 36 Jahre lang angehörte, schrieb: „Wir spielten im milden, röt-

lich-warmen Lichte einer mäßigen Anzahl wohlgeputzter, selten qualmender Öllampen. Glückliche Darsteller, die sich im Schutze dieser Beleuchtung einer ewigen Jugend erfreuten!"

Zum Ensemble Laubes gehörten Schauspieler, die bereits am Burgtheater tätig gewesen waren, bevor er Direktor wurde, und die noch immer zum Hause gehörten, nachdem er sein Amt längst niedergelegt hatte. Einer von ihnen war Ludwig *Löwe*, erstes Ehrenmitglied des Burgtheaters, der 1826, also noch unter Schreyvogel, engagiert worden war und als aktives Mitglied im Jahre 1871 unter der Direktion Dingelstedt starb. Löwe, zu dessen Rollen der Romeo, Don Carlos und Hamlet gehörten, war für sein natürliches Spiel berühmt. So soll eine Dame der Wiener Gesellschaft, nachdem sie ihn das erste Mal spielen gesehen hatte, erklärt haben: „Der spricht ja gerade so wie wir auch! Dazu brauch ich doch nicht ins Theater zu gehen."

Laube wollte im Jahre 1853 den Schauspieler Friedrich *Haase* an das Burgtheater engagieren. Haase verzichtete aber auf das Engagement, nachdem er Ludwig Löwe und Carl *La Roche* getroffen hatte, die sich auf einer Gastspielreise durch Deutschland befanden. La Roche sagte lediglich, er werde Haase keine einzige Rolle abtreten, während Löwe im sanftesten Tonfall erklärte: „Junger Mann! Wenn Sie ruhig mit ansehen wollen, daß Laube dem La Roche ein Bein und mir einen Arm ausreißt, und wenn Sie dann beim Anblick dergestalt verkrüppelter Kollegen unbekümmert mit uns Komödie spielen wollen, dann gehen Sie getrost nach Wien. Herrn Laube kommt's auf eine Amputation mehr oder weniger nicht an, er hat Nerven wie Glockenseile. Haben Sie die auch?"

Zeichnete sich Löwe durch sein natürliches Spiel aus, so war das Charakteristikum von Heinrich *Anschütz,* der ebenfalls schon unter Schreyvogel, nämlich 1821, ans Burgtheater gekommen war, seine langsame Sprechweise. In Wien erzählte man, Anschütz habe bei einem Gastspiel in der Provinz für den Wallenstein so lange gebraucht, daß sich alle Zuschauer empfahlen. Nur der Billeteur sei geblieben und habe schließlich zu Anschütz gesagt: „Verehrlicher Herr Hofschauspieler, wenn Sie mit Ihrem Wallenstein fertig sind, sperren S' bitte das Theater zu und legen S' den Schlüssel unter die Türdacken!"

In Wien war es der Kritiker Moritz Gottlieb Saphir, der unentwegt über Anschütz spottete und ihn den „Patron der Hausmeister" nannte, weil er durch seine langsame Sprechweise dafür sorge, daß die Vorstellungen bis nach zehn Uhr dauerten und die Hausmeister daher mit den Sperrsechserln der heimkehrenden Theaterbesucher rechnen konnten. Laube berichtet in seinen Memoiren, wie ihm Anschütz die Bosheiten

Saphirs geschildert habe: „Der garstige Mann saß öfters ganz vorn auf einem Sperrsitz, die Uhr in der Hand, und zeigte sie rechts und links, um nachzuweisen, wieviel Zeit ich ungebührlich in Anspruch nähme. Ich mußte es sehen und sah es; aber es hat mich nicht irregemacht."

Josef Lewinsky *Ernst Hartmann*

Das Laube-Ensemble im eigentlichen Sinne bestand aus jenen Mitgliedern des Hauses, die er selbst engagiert hatte. Bei den Männern waren das vor allem Bernhard Baumeister, Bogumil Dawison, Ernst Hartmann, Fritz Krastel, Josef Lewinsky und Adolph Sonnenthal.

Baumeister wurde am Burgtheater uralt. Er war 24 Jahre alt, als ihn Laube im Jahre 1852 engagierte, und starb als aktives Mitglied im Jahre 1917 im Alter von 89 Jahren. In den 65 Jahren, die er am Burgtheater verbrachte, blieb Baumeister einer Eigenschaft treu: Er kannte nie seinen Text. Eine seiner ersten Rollen am Burgtheater war der Erdgeist im „Faust". Da er dabei so weit im Hintergrund der Bühne auftrat, daß er die Souffleuse nicht hören konnte, hatte er sich an der rechten Kulisse einen Zettel angeklebt, von dem er den Text ablesen konnte. Als das Laube entdeckte, riß er kurz vor der Vorstellung den Zettel ab, doch Baumeister sagte zur Überraschung aller Mitwirkenden seinen Text fehlerlos auf. Nach der Aufführung meinte Laube anerkennend: „Sie haben also diesmal wirklich gelernt?" Darauf Baumeister: „Nein, Herr Direktor, aber ich habe vorsichtshalber auf der linken Kulisse auch einen Zettel angebracht!"

Später, als Baumeister bereits ein angesehenes Mitglied des Ensembles war, wurde auf seine Textschwächen Rücksicht genommen, und wenn er auftrat, agierten meist drei Souffleusen: Eine im Souffleurkasten, eine beim Inspizienten und eine im ambulanten Einsatz. Einmal hatte die ambulante Souffleuse ein schlecht eingerichtetes Buch und gab ein falsches Stichwort, worauf Baumeister schweren Schrittes zum Souffleurkasten stapfte und rief: „Man helfe mir vom Pferd!"

In einer Aufführung des „Fiesko" spielte Baumeister den Verrina und Ernst *Hartmann*, den Laube 1864 engagiert hatte, den Maler Romano. Hartmann hatte auf die Frage Baumeisters, wer er sei, zu antworten: „Ich bin ein Maler schlechtweg." Da er aber das letzte Wort wegließ, flüsterte die Souffleuse, zunehmend lau-

Der 134jährige Bernhard Baumeister hält einem jungen Kollegen die Grabrede.

ter und eindringlicher werdend, immer wieder: „Schlechtweg." Hartmann reagierte jedoch nicht, worauf Baumeister, der bei Textverlegenheit immer ein schlechtes Gewissen hatte, vortrat, eine vernichtende Handbewegung machte und Hartmann zurief: „Schlecht! Weg!"

Adolph *Sonnenthal,* der erste Burgschauspieler, der in den Adelsstand erhoben wurde, war der Sohn eines kleinen jüdischen Kaufmannes und erlernte ursprünglich das Schneiderhandwerk. Sein schauspielerischer Weg führte ihn zunächst von Temesvar über Hermannstadt nach Graz, wo er im „Lumpazivagabundus" neben *Nestroy,* der den Schuster Knieriem verkörperte, den Tischler Leim spielen durfte. Nach der Aufführung sagte Nestroy anerkennend zu ihm: „Mein lieber Freund, Sie sind ein Kunsttischler!"

Sonnenthals Debüt in Wien war weniger verheißungsvoll. Seine Antrittsrolle am Burgtheater war der Mortimer, worauf Betty *Paoli* in der „Österreichischen Zeitung" vom 21. Mai 1856 schrieb: „Er mag für eine Provinzbühne eine brauchbare Akquisition sein, für ein Kunstinstitut wie das Burgtheater reicht seine Kraft nicht im entferntesten aus."

Laube glaubte aber an Sonnenthals Talent, setzte ihn als nächstes im „Don Carlos" ein und sagte zu ihm: „Ich möchte, daß Sie den Carlos couragiert spielen, und darum sage ich Ihnen heute schon, daß Sie auf drei Jahre engagiert sind."

Sonnenthal wohnte in der ersten Zeit seines Engagements am Burgtheater in Untermiete bei Ludwig Löwe, und zwar in jenem Zimmer, in dem vor ihm Bernhard Baumeister gewohnt hatte. Löwe, der mit Laube auf Kriegsfuß stand, sagte zu seinem Untermieter: „Haben Sie die Courage, bei mir zu wohnen? Beim Direktor dürfte Ihnen das kaum nützen." Als Sonnenthal daraufhin Laube ziemlich verlegen gestand, daß er bei Löwe wohne, erhielt er zu seiner Verblüffung die Antwort: „Das ist eine gute Idee, daß Sie bei Löwe wohnen! Von diesem Mann können Sie nur lernen!"

Sonnenthal, der bald eines der angesehensten Mitglieder des Burgtheaters war, befand sich ständig in Geldverlegenheiten. Laubes Kommentar dazu: „Sonnenthals häusliche Lage gleicht porösem Sand, der jeden, auch den reichlichsten Segen, spurlos verschluckt."

Ludwig *Gabillon,* den Heinrich Laube im Jahre 1853 ans Burgtheater geholt hatte, gab in Friedrich *Hebbels* „Nibelungen" den Hagen. Nachdem er entsprechend düstere Maske gemacht hatte, fragte er den Dichter: „Wie sehe ich aus?" Tief beeindruckt antwortete Hebbel: „Wie ein Gewitter!"

Der Wahlwiener Hebbel, der aus Wesselburen in den Dithmarschen stammte und mit der Burgschauspiele-

◄ *Adolph Sonnenthal*

▼ *Fritz Krastel*

rin Christine *Enghaus* verheiratet war, zeichnete sich durch ein recht düsteres Wesen aus. Charakteristisch für ihn ist ein Satz, den er im Jahre 1850 niederschrieb: „Eine Kanone erfinden, groß genug, die Erde hinein zu lassen, und sie Gott ins Gesicht zu schießen."

Franz *Grillparzer,* der ebenfalls ein recht grüblerischer Geist war, mied die Gesellschaft Hebbels, was er folgendermaßen begründete: „Alle Achtung, vor dem, was er schreibt, aber ich bin doch nicht heimisch in seiner Nähe. Ich fürcht mich ordentlich vor ihm. Er ist imstand und fragt: Was ist Gott? Ich weiß es nicht, aber er weiß es und drum kann ich nicht mit ihm reden!"

Das alles änderte nichts daran, daß Hebbel ein feinsinniger Dichter war, der seiner Frau die schönen Zeilen widmete:

„Du tränkst des Dichters dämmernde Gestalten,
Die ängstlich zwischen Sein und Nichtsein
schweben,
Mit deinem Blut und gibst den Schatten Leben,
In denen ungeborne Seelen walten."

Es gab auch Damen in Laubes Ensemble, die bereits vor ihm am Burgtheater waren und nach ihm blieben. Eine von ihnen war Amalie *Haizinger*, die als jugendliche Naive Gastspiele in ganz Europa, darunter auch zweimal, nämlich 1820 und 1825, am Burgtheater gegeben hatte, ehe sie im Jahre 1846 im Alter von 46 Jahren ständig an das Haus verpflichtet wurde, an dem sie bis zu ihrem Tode im Jahre 1884 verblieb. Die Haizinger war unübertrefflich in der Interpretation der Mundarten sämtlicher deutscher Stämme. Eines ihrer Glanzstücke war die Wiedergabe des Dialoges zweier Berliner Marktfrauen, die ihren Stand vor dem Königlichen Schauspielhaus haben und die Apollostatue auf dem Dach des Theaters betrachteten: „Wer is'n det da droben?" – „Det is der olle Iffland, der hier früher Direktor jewesen is von det Schauspielhaus!" – „Wat? So in't bloße Hemde?" – „Ach, Kulicken, da müßte Se de Komödianten kennen: det schämt sich nich und det jrämt sich nich!"

Daß die Haizinger auch südlichere Dialekte beherrschte, bewies sie, wenn sie ihr Lieblingsg'stanzl sang:

„Wer in Himmel, sagt er,
'nauf will kimmen, sagt er,
Der muaß Fäustling, sagt er,
A mitnehmen, sagt er,
Denn im Himmel, sagt er,
Is gar kalt, sagt er,
Weil der Schnee, sagt er,
Abi fallt . . ."

Zu den Schauspielerinnen, die Laube engagierte, gehörte Friederike *Bognar*, die er im Jahre 1858 ans Burgtheater holte und der Eduard *Mautner* die anerkennenden Verse gewidmet hat:

„Hätte Herr von Goethe auch das noch erreicht,
Dich, Friederike, zu kennen –
So würde Fausts Liebchen heute vielleicht
Statt Gretchen – Riekchen sich nennen."

Ein Jahr vor Friederike Bognar war Friederike *Gossmann*, verehelichte Gräfin Prokesch-Osten, von Laube engagiert worden, deren Liebreiz Ignaz *Castelli* zu dem Hexameter inspirierte:

„Viel Unnatürliches gebrauchten die Hexen in alter Zeit.
Du kleine Hex', in unseren Tagen, bezauberst durch Natürlichkeit."

Das bedeutendste Engagement Laubes war Charlotte *Wolter*, die 1862 ans Burgtheater kam, an dem sie bis zu ihrem Tode im Jahr 1897 verblieb. An Selbstbewußtsein war sie ihrem Direktor ebenbürtig. „Ich kenne nur zwei wirklich große Tragödinnen", sagte Laube einmal zu ihr. Darauf die Wolter: „Und wer ist dic andere?"

Die Wolter hatte 1862 als Iphigenie debütiert und spielte bald darauf die Lady Macbeth. Als ihr in der ersten Pause die Kollegen zu ihrem Erfolg gratulierten, schaute die Wolter durch das Guckloch im Vorhang und sagte: „Erfolg? Dort rechts sitzen zwei und applaudieren überhaupt nicht. Und das nennt ihr Erfolg?" In der nächsten Pause blickte sie dann wieder durch das Guckloch und meinte: „Jetzt applaudieren die zwei auch. Jetzt ist es ein Erfolg!"

Im Dezember 1865 trat Charlotte Wolter in Grillparzers „Sappho" auf. Als man sie fragte, welche Auffassung sie von der Titelrolle des Stückes habe, antwortete sie: „Gar keine. Ich spiele eine schon etwas ältere Frau, die das Pech hat, in einen ganz jungen Mann verliebt zu sein."

Gegen Ende des Jahres 1867 trat Heinrich Laube nach langen Kämpfen mit dem Generalintendanten der Hoftheater Eligius Freiherrn *von Münch-Bellinghausen,* dessen Künstlername als Schriftsteller Friedrich Halm lautete, zurück. Sein Nachfolger wurde formell August *Wolff,* ein aus Mannheim stammender Regisseur, doch de facto lag die Leitung des Burgtheaters in den Händen von Münch-Bellinghausen, ein Zustand, den Ludwig *Gabillon* mit den Worten beklagte: „Das Theater sieht aus wie die Wien im Hochsommer – stagnierender Sumpf. Wolff hat den besten Willen, aber er ist der Sache und vor allem den Schauspielern nicht gewachsen. Daneben bildet sich Halm zu einem kleinen Tyrannen aus. Er arbeitet ohne eine Verständigung mit der Direktion und wird dabei auf das glänzendste von einer vollständigen Theaterunkenntnis unterstützt."

Ähnlicher Ansicht war die satirische Zeitschrift „Die Bombe“, die Heinrich Laube folgenden Nachruf widmete: „Nur ein Mann wie Laube könnte den Wust an Protektion, Einbildung und Speichelleckerei, welcher die Blüte unseres Burgtheaters verhindert, wegräumen. Der Herrenlosigkeit oder vielmehr der Herrenvielfalt des Burgtheaters kann nur Laube ein Ziel setzen. Das Burgtheater ist jetzt schon mehr ein ‚Künstlergestüt‘ als ein Kunstinstitut. Fett werden, nicht groß werden ist das Ziel burgschauspielerischen Strebens, nicht Vermehrung ihres Repertoires, sondern ihres Gehaltes das Trachten der k. k. Hofschauspieler. Laube, der herrischer ist als die vielen Herrn im Burgtheater, würde ihnen das Herrischseinwollen schon austreiben!“

Die Ära Wolff/Halm ging im Jahre 1870 mit der Berufung Franz *von Dingelstedts* zum Direktor des Burgtheaters zu Ende. Dingelstedt war bereits im Dezember 1867 als Nachfolger Laubes zur Diskussion gestanden. Damals hatte der Schauspieler Heinrich *Marr* an Josef Lewinsky geschrieben: „Euer Gebet laute: Vater unser, behüte uns vor dem Dingelstedt!“

Der gebürtige Hesse Dingelstedt hatte eine bewegte Karriere hinter sich. Er war zuerst Gymnasiallehrer, dann Journalist, anschließend Bibliothekar des Königs von Württemberg und nacheinander Theaterintendant in München und Weimar, ehe er im Jahre 1867 nach Wien berufen wurde, um zunächst die Leitung der Hofoper zu übernehmen. Aus dieser Zeit Dingelstedts, des einzigen Direktors in der Geschichte der Hof- und Staatstheater, der sowohl die Burg als auch die Oper geleitet hatte, stammte sein bekanntes Wort: „Das Konzert ist ein überflüssiges, die Oper wenigstens ein notwendiges Übel.“

Dingelstedt, der auch ein engagierter politischer Satiriker war und im Jahre 1841 anonym die „Lieder eines kosmopolitischen Nachtwächters" veröffentlicht hatte, war für seinen Zynismus bekannt. Über sich selbst hatte er in seiner Jugend gereimt:

„Mein letztes Ziel auf dieser Erden:
Ich muß geheimer Hofrat werden."

Zynisch bis zuletzt wünschte sich Franz von Dingelstedt für seinen Grabstein den Spruch:

„Wenn ihr mich möglichst spät begrabt,
Sei dies auf meinem Stein zu lesen:
Er hat zeitlebens Glück gehabt,
Doch glücklich ist er nie gewesen."

Gelegentlich inszenierte Dingelstedt auch. Als einmal ein Stück nach längerer Pause wieder in den Spielplan genommen wurde, sagte Dingelstedt auf der Probe nach einer Szene: „Welchem Trottel ist denn dieser Unsinn eingefallen?" Nach längerem Schweigen meldete sich ein alter Inspizient zu Wort und meinte: „Das haben Herr Baron selbst so angeordnet!“ Darauf Dingelstedt, dessen Spott vor der eigenen Person nicht haltmachte: „Na ja, das sieht mir ähnlich!“

Bei einer „Macbeth“-Probe, der Dingelstedt beiwohnte, lagen im Hintergrund der Bühne mehrere Gefallene, darunter auch Bernhard Baumeister, herum. Die Probe ging nicht weiter, weil der Regisseur lange Diskussionen mit den Inspizienten abhielt. Schließlich wurde es Baumeister zuviel, und er wandte sich an Dingelstedt mit dem Ruf: „Herr Direktor! Wir stinken schon!“

Dingelstedt mißfiel die „Macbeth“-Aufführung, was er den Mitwirkenden mit den Worten verkündete: „Meine Herren! Shakespeare muß man gut geben oder gar nicht – aber geben muß man ihn!“

Es gab keine Situation, in der Dingelstedt nicht das passende Wort gefunden hätte. Als ihn einmal ein Schmeichler mit Lobesbezeugungen überhäufte, sagte Dingelstedt lächelnd: „Fahren Sie nur fort. Sie ahnen gar nicht, wie viel Lob ich vertragen kann . . .“

Als sich während einer Probe einige junge Schauspieler in verdächtiger Nähe des Souffleurkastens aufhielten, verwies sie Dingelstedt von dieser Stelle mit den Worten: „Weg hier, das ist der Platz für die Herren Hofschauspieler!“

Charlotte Wolter trat unter Dingelstedt als Hermione im „Wintermärchen“ auf. Als er bei der Probe fand, daß sie für die Rolle eigentlich zu klein sei, beruhigte ihn der alte Heim mit den Worten: „Warten Sie nur, nach dem ersten Akt ist sie um zwei Köpfe größer!“

Als die Wolter einmal bei Dingelstedt vorsprechen wollte, ließ er sich verleugnen, doch sie sah im Weggehen seinen Kopf durch das offene Fenster des Direktionszimmers. Zu Hause angelangt, schrieb sie ihm folgenden Brief: „Lieber Hofrat! Ich habe Sie stets für einen ganz einzigen Direktor gehalten – heute tu ich's mehr denn je, denn selbst wenn Sie gar nicht in der Kanzlei sind, Ihr Kopf ist doch immer da – ich hab's soeben gesehen. Ihre Sie bewundernde Charlotte Wolter."

Der alte Carl La Roche wurde von Dingelstedt gebeten, sich krank zu melden, um eine Abänderung des Repertoires zu rechtfertigen. Der Schauspieler schrieb daraufhin seinem Direktor: „Haben Sie keinen anderen Ausweg, so will ich unwohl werden, darf dann natürlich nicht ausgehen und der Arzt wird mir zur Herstellung meiner Gesundheit frische Austern verordnen, welche natürlich die Behörde zu liefern hätte."

Dingelstedt schrieb an den Rand des Briefes: „Einverstanden. Die Austern sind unter Bühnenbedarf zu verrechnen.“

Mit manchen Schauspielern aus der Ära seiner Vorgänger vermochte Dingelstedt nichts anzufangen. So schob er den alten Wilhelm *Meixner*, der unter Laube 1850 ans Burgtheater gekommen war, immer mehr in den Hintergrund, bis der Komiker eines Tages bei ihm erschien und um eine Rolle mit den Worten bat: „Schauns, Herr Baron, lassens mir die Freud zu spielen, ich hab ja eh nur noch a paar Jahrln zum leben.“ Todernst erwiderte Dingelstedt: „Mein lieber Meixner, das sind doch leere Versprechungen!“

Eine der ersten Aufgaben Dingelstedts nach seinem Amtsantritt war es, im Jahre 1871 die Trauerrede für den verstorbenen Ludwig Löwe zu halten. Er begann sie mit den eindrucksvollen Worten: „Wieder einer – nur einer – aber – ein Löwe!“

Es gab aber auch freudigere Anlässe. Am 12. Jänner 1871 feierte man den vierzigsten Jahrestag der ersten Aufführung des Stückes „Leichtsinn aus Liebe“ von Eduard *von Bauernfeld.* Dingelstedt stellte sich bei der Gedenkfeier mit folgendem Gedicht ein:

„Die echt dramatischen Poeten
Erblicken erst das Licht der Welt,
Wenn sie ans Licht der Rampen treten,
Vor allem Volke ausgestellt.

Nach dieser Rechnung wird's, mein Lieber,
Für jeden unumstößlich klar,
Daß du nicht sechzig und drüber,
Nein, daß du heute vierzig Jahr.

Wärst du als Schwabe nur geboren,
So gingest Du, Dir selber zur Pein,
Vom goldnen Alter junger Toren
Ins eiserne der Klugheit ein.

Doch bleibt die trübe Sonnenwende
Dem Wiener Kinde, Dir, erspart;
‚Leichtsinn und Liebe' bis zu Ende,
Und ewig jung ist Deine Art."

Bauernfeld revanchierte sich mit dem Vers:
„Nun mir Dein heitrer Liebes-Reim erklungen,
Mag ich mit Leichtsinn scheiden von der Erde!
Nicht in der Wiege ward es mir gesungen,
Daß mich ein Hofrat je besingen werde."

Die Mittellogen im alten Burgtheater

Es wurde damals viel gedichtet am Burgtheater. Als Ernst *Hartmann* mit Gustav Freytags „Die Brautfahrt" sein Regiedebüt am Burgtheater feierte, schenkte ihm Dingelstedt eine Zigarrentasche mit der Widmung:

„Neue Zigarre ist schwer
Neue Regie noch mehr."

Auch Sonnenthal erhielt von Dingelstedt eine Zigarrentasche. Diesmal lautete die Widmung:

„Echt und kräftig, aber mild,
Dein getreues Ebenbild."

Im Jahre 1878 feierten Zerline und Ludwig Gabillon gemeinsam ihr fünfundzwanzigjähriges Jubiläum. Als Ehrengeschenk erhielten sie von den Kollegen ein kunstreich verziertes Trinkhorn mit einem Gedicht, das aber nicht von Direktor Franz von Dingelstedt, sondern von seinem Nachfolger Adolf *Wilbrandt* stammte und lautete:

„Vom Nebelstrand zum sonnigen Land,
Wo Priester Amor Euch verband,
Auf Phöbus' Roß zum Musenschloß
Aufstieg Ihr Ruhm des Ruhms Genoß,
Nun trinkt noch lang den Göttern Dank,
Daß doppelt Glück so wohl gelang!"

Gedichtet wurde nicht nur im Theater. Die Gabillons hatten ein Haus am Grundlsee, wo sie im Sommer viele Kollegen als Gäste empfingen. Einer von ihnen war Ernst Hartmann, der den Gabillons ins Gästebuch schrieb:

„Fürwahr, du wohnst am Zauberstrand,
Wo jeder Wunsch auch Erfüllung fand,
Es liegt der See hier im ewigen Raum,
Als hätte Natur einen holden Traum.
Es lächelt dein Häuschen den Himmel an,

Als hätt er ihm nie was zuleide getan,
Sein Küchlein, sein Keller, sein Alles darin,
Regiert die gefeiertste Künstlerin,
Es spielt dein Wald hin zum Seegestad,
Durchschlungen vom selbstgeschotterten Pfad,
Es schaukelt sich ‚Dora' am sicheren Strand,
Die schnellste der Plätten in deiner Hand, –
Kurz, was man sich erwünschet, erhoffet, erstrebt,
Hat dir sich zur Wirklichkeit belebt.
Mir grauset – und warnend wie Schicksalswink
Entsteigt meiner Seele Polykrates' Ring!
Schon hör ich des Sees verderbliches Tosen,
Schon seh ich der Blitze verzehrendes Kosen,
Lawinen stürzen – es stürzet dein Dach,
Weh! Opf're zu wehren dem Ungemach!

Hör meinen Rat, einen Vorschlag an,
Wie treuer dir nie ihn ein Freund getan:
‚Versöhne die Götter – folg meinem Geheiß,
Laß mir das ganze zum Einkaufspreis!'"

Als Sonnenthal bei den Gabillons auf Besuch war, wagte er sich in einem schmalen Nachen auf den See hinaus. Da näherte sich ihm Ernst Hartmann in einem Boot, drohte ihn zu rammen und sagte: „Wirst du mir endlich den Attaché überlassen?" Angstvoll erwiderte Sonnenthal: „Ja!" – „Und den Waldemar?" – „Ja!" – „Und den Bolingbroke auch?" – „Ja!" Als sie beide wieder auf festem Grund standen, sagte Sonnenthal: „Ernst, was wäre gewesen, wenn ich wirklich in den See gefallen und ertrunken wäre?" – „Unsinn", erwiderte Hartmann, „ich hätte dich selbstverständlich gerettet, und aus Dankbarkeit hättest du mir die Rollen überlassen!"

Dingelstedt engagierte im Jahre 1874 Hugo *Thimig*, den nachmaligen Direktor des Hauses, dessen Kinder Hans, Helene und Hermann später ebenfalls am Burgtheater wirkten. Als der damals zwanzigjährige Hugo Thimig erstmals vor seinem künftigen Direktor stand, betrachtete ihn Dingelstedt prüfend und meinte: „Ich habe Sie mir größer vorgestellt." Darauf Thimig: „Ich bedaure schmerzlich, Ihnen nicht mit mehr dienen zu können." Dingelstedt fuhr fort: „Ich habe Sie mir auch älter vorgestellt." Thimig antwortete: „Ich werde mich bemühen, Ihren Anforderungen stetig näherzukommen."

Hugo Thimig stammte aus Dresden und sprach mit unverkennbarem sächsischen Tonfall, was von der Wiener Kritik tadelnd vermerkt wurde. Seine Mutter kam einmal auf Besuch nach Wien, besuchte eine Aufführ-

rung mit ihm und sagte nachher: „Ich weeß ja nich, was die Leite echal von dir wollen? Du bist doch der eenz'-che, der richt'ch spricht!"

Die alte Amalie Haizinger, die noch immer am Burgtheater tätig war, hatte seinerzeit als junge, hübsche Schauspielerin noch Johann Wolfgang von Goethe kennengelernt. Der literarisch interessierte Hugo Thimig stattete ihr mit seinem Kollegen Hermann Schöne einen Besuch ab und fragte sie, ob sie sich an den Dichter noch erinnere. Nach einigem Nachdenken gab die alte Haizinger die überraschende Antwort: „Der Geede, ja, ja, der Geede. Des is au so a alder Schweinehund g'wese!"

Im Jahre 1875 holte Dingelstedt nach vorangegangenen Gastspielen in den Jahren 1871 und 1874 Friedrich *Mitterwurzer* ans Burgtheater, der es aber im Jahre 1880 wieder verließ, um 1894 neuerlich auf drei Jahre bis zu seinem Tode wiederzukehren. Mitterwurzer haßte seinen Direktor. Als er einmal aus Anlaß eines Internationalen Schriftstellerkongresses im Hause des bekannten Pathologen Emil Zuckerkandl mit seiner Kollegin Stella Hohenfels in der Komödie „Toto chez Tata" auftreten sollte, sah er bei einem Blick durch das Guckloch

im Vorhang der Zimmerbühne in der ersten Reihe Dingelstedt sitzen. Sofort riß sich Mitterwurzer die Perücke vom Kopf und rief: „Was, der Schuft ist auch eingeladen? Vor diesem Gauner spiele ich nicht!“ Nur mühsam gelang es den Gastgebern, Mitterwurzer zu bewegen, doch aufzutreten, doch als er sich nach der Vorstellung verbeugte, zischte er in Richtung seines Direktors: „Aus dessen Knochen bau' ich mir noch einmal einen Souffleurkasten!“

In der Ära Dingelstedt wurde der Grundstein für das neue Burgtheater gelegt. Im Jahre 1858 hatte Kaiser Franz Joseph die Niederreißung der Basteien angeordnet, im Jahre 1869 war die neue Hofoper eröffnet worden, und nun, am 19. Mai 1874, hieß es im Resolutionsentwurf zu einer Allerhöchsten Entschließung: „Nachdem die Demolierungsarbeiten an der Löwelbastei soweit sie den Bauplatz des projektierten Hofschauspielhauses berühren, beendet sind und die weiteren Demolierungen in dieser Partie den Beginn des Baues nicht hindern, soll mit diesem auch tatsächlich begonnen werden.“ Der Obersthofmeister Fürst Hohenlohe hatte auf diesem Dokument mit eigener Hand auch den Namen vermerkt, den das künftige Hofspielhaus tragen sollte: „K. K. Hofburgtheater.“

Der kränkelnde Dingelstedt legte im Jahre 1881 die Direktionsgeschäfte nieder. Als Nachfolger stand in erster Linie Sonnenthal zur Diskussion, der aber auf das Amt verzichtete und an seiner Stelle Adolf Wilbrandt vorschlug, der dem Burgtheater gleich zweifach verbunden war: Als Dichter, dessen Stücke mit großem Erfolg aufgeführt worden waren, und als Gatte der beliebten Burgschauspielerin Auguste Baudius. Der aus Rostock stammende, vielseitig gebildete Wilbrandt hatte seinen Werdegang einmal auf die Formel gebracht: „Auf Wunsch meines Vaters wurde ich Jurist, aus Neigung Historiker, aus Patriotismus Journalist und aus Naturtrieb Poet."

Wilbrandt mußte sich als Direktor mit Kritikern herumschlagen, die gleichzeitig Stückeschreiber waren und gerne aufgeführt worden wären. Seine diesbezüglichen Erlebnisse kleidete er in die Verse:

„Warum plagt so manche Mücke
Den Direktor? – Wenn sie's kennten!
Gar so starke Rezensenten
Schreiben gar so schwache Stücke!"

Bei seinen Schauspielern war Wilbrandt sehr beliebt, weil er in Poesie und Praxis des Theaters gleichermaßen bewandert war und ihre Sprache sprach. So begann er die Proben zur „Elektra", indem er den Mitwirkenden erklärte: „Wir wollen ein modernes Trauerspiel aufführen, das zufällig der alte Sophokles geschrieben hat."

Heinrich Laube hatte einst geschrieben: „Für den wohlhabenden Wiener ist eine Loge das Ein und Alles im Theater.“ Daran hatte sich rund vier Jahrzehnte später nichts geändert, wie das Schreiben der Generalintendanz vom 2. Jänner 1882 an den Obersthofmeister Fürst Hohenlohe beweist: „Wie ich bereits die Ehre hatte, E. D. mündlich zu erwähnen, besteht in bezug auf die aus dem Hofzahlamte für die Minister des Äußeren und des Kaiserlichen Hauses abonnierte Loge folgendes Verhältnis: Zum Theil infolge eines mir persönlich ertheilten Auftrages von Seite des Grafen Beust haben E. D. im August 1867 eine allerhöchste Entschließung erwirkt, vermöge welcher dem damaligen Reichskanzler, welcher die Ministerpräsidentschaft innehatte, sowohl im Hofburgtheater als auch im Hofoperntheater eine Loge (an jedem zweiten Tag) zugewiesen wurde. Als Graf Beust bald darauf das österreichische Minister-Präsidium abgab und sich auf das Reichsministerium des Kaiserlichen Hauses und des Äußeren beschränkte, hat er die Loge behalten, weil der betreffende Ministerpräsident es nicht für angemessen erachtete, dagegen Einspruch zu erheben und ist aus dem gleichen Grunde nach Rücktritt des Grafen Beust die erwähnte Loge auf seinen Nachfolger im Ministerium des Kaiserlichen Hauses, Grafen Andrassy, übergegangen. So ist es seither geblieben und wird die Loge gegenwärtig vom Grafen Kalnoky eingenommen. Soviel ich weiß, ist auch der dermalige Minister-Präsident, Graf Taafe, nicht gesonnen, aus jenem Verhältnisse einen Anspruch für sich geltend zu machen, wenngleich er so wie ich vertraulich in Erfahrung gebracht habe, besonders erfreut wäre, denselben spontan anerkannt zu sehen. Für den Fall als E. D. diesen Sachverhalt in geneigte Erwägung ziehen wollten, erlaube ich mir ergebenst zu bemerken, daß ich natürlich eine Einziehung der Loge des Ministers des Kaiserlichen Hauses für unthunlich halte, daß es sich vielmehr meines Erachtens nur darum handeln kann, daß der Minister-Präsident des gleichen Beneficiums wie der Minister des Kaiserlichen Hauses theilhaftig werden soll."

Als Josef *Lewinsky* im Jahr 1883 sein 25jähriges Burgtheaterjubiläum feierte, wurde wieder einmal viel gedichtet. Auguste Wilbrandt-Baudius, die Kollegin und Gattin des Direktors, schenkte Lewinsky ein Photo, das sie mit ihrem Sohn zeigte, und schrieb dazu:

„Sohn: Mutterle, schau, der Burgbösewicht
Hat doch so ein gütiges Angesicht –
Und doch, als Teufel, weißt, im Faust,
Da ist er so böse, daß es mir graust!
Mutter: Laß Dir's erklären, mein kleiner Bengel:
Der Mann spielt Teufel – ist gut wie ein Engel.
Er ist nur böse abends nach sieben.
Bei Tage müssen alle ihn lieben:
Ein Herz, so weich, ein Geist, so reich,
O Sohn, ich bitt dich, werd ihm gleich!"

Eine Gräfin Wilhelmine *Wickenburg-Almasy* stellte sich bei Lewinsky mit den Versen ein:
„Wie dem Bedürftigen zu allen Zeiten
Warst Du dem Strebenden ein sicherer Hort:
Drum sprich Du also unseres Dichters Wort.
‚Ich bin ein Teil von jener Kraft,
Die stets das Böse spielt und stets das Gute schafft.'"

Wie immer, wenn jubiliert wurde, war auch der alte Bauernfeld zur Stelle und widmete Lewinsky den Zweizeiler:
„Talent und Fleiß und männlich Streben –
Ein Jubiläum für das ganze Leben."

Eines der ersten Engagements Wilbrandts war im Jahre 1882 die Verpflichtung Max *Devrients,* der bis zu seinem Tode im Jahre 1929 im Ensemble verblieb und wie kein zweiter Glanz und Würde des Begriffes Burgtheater verkörperte. Man erzählte von Devrient, er sei

eines Tages im Kostüm des Julius Cäsar in der Kulisse gestanden und habe auf seinen Auftritt gewartet, als eine Fliege versuchte, sich auf seiner Stirn niederzulassen. Devrient verscheuchte das vorwitzige Tier mit einer unwirschen Handbewegung und den Worten: „Wohl ganz wahnsinnig geworden!"

Ein ganz anderer Typ war Dr. Rudolf *Tyrolt,* gelernter Jurist und vielseitiger Charakterkomiker, den Wilbrandt im Jahre 1884 engagierte. Zu Tyrolts größten

Bewunderern zählte sein eigener Vater, der sich vor die am Burgtheater ausgehängten Programmzettel zu stellen pflegte und sich unter dem Vorwand, seine Brille zu Hause vergessen zu haben, die Besetzung vorlesen ließ. Fiel dann der Name seines Sohnes, pflegte er zu sagen: „Ah, da geh ich heute in die Vorstellung, um den Tyrolt, diesen ausgezeichneten Schauspieler, zu sehen."

Tatsächlich saß er jeden Abend, an dem sein Sohn spielte, in der Vorstellung. Sobald Tyrolt jun. auftrat, pflegte er seinen Sitznachbarn zu fragen: „Wer ist denn dieser ausgezeichnete Schauspieler?" Da konnte es dann vorkommen, daß er die Antwort bekam: „Aber Herr von Tyrolt, Sie werden doch Ihren eigenen Sohn noch erkennen!"

Tyrolt seinerseits hatte eine Tochter, die als blutjunge Debütantin ihr Glück am Wiener Carltheater versuchte. Eines Tages kam sie nach Hause und sagte zu ihrer Mutter, die einer angesehenen sächsischen Familie entstammte: „Mama, stell dir vor, heute hat mir der Direktor dieses Rollenbuch gegeben. Ich soll eine ganz ordinäre Dirne spielen. Was soll ich machen?" – „Was du machen sollst?" erwiderte die Mutter. „Du bringst die Rolle zurück und sagst ihm ‚Herr Direktor, ich bin ein feines Mädchen, ich scheiß Ihnen was!'"

Zwischen Tyrolt und dem alten Carl Wilhelm Meixner, der fürchtete, daß ihm der Jüngere die Rollen wegnehmen werde, herrschte ein gespanntes Verhältnis. Meixner erkundigte sich einmal bei dem gelernten Juristen Tyrolt um die Bestimmungen der Erbschaftssteuer. Nachdem er die gewünschte Auskunft erhalten hatte, bedankte er sich, nicht ohne hinzuzufügen: „Aber sterben, Herr Tyrolt, werde ich noch lange nicht. Diesen Gefallen mache ich Ihnen nicht!"

Bei einer vormittägigen Probe erzählte Meixner, er beabsichtige, mit seiner Tochter nach Abbazia zu reisen, worauf ihm Tyrolt riet, die Route über Triest zu wählen, denn dann könne er von den Bergen oberhalb der Stadt den herrlichen Ausblick auf das Meer genießen. Am Abend vor der Vorstellung sagte Meixner zu Tyrolt: „Ich habe zu Hause in der Zeitung gelesen: In Triest herrscht Cholera. Sagen Sie ja nicht, Herr Tyrolt, daß Sie das nicht gewußt haben!“

Das bedeutsamste Engagement der Ära Wilbrandt war wohl die Verpflichtung Katharina *Schratts* im Jahr 1883, die bald die Lieblingsschauspielerin Kaiser Franz Josephs wurde, der nach wie vor ein fleißiger Besucher

des Burgtheaters war. Im Mai 1886 lernte der Monarch dank der Vermittlung Kaiserin Elisabeths, die wußte, wie einsam ihr Gemahl angesichts ihrer vielen Reisen war, die Künstlerin im Atelier des Malers Angeli kennen. Wenige Tage danach, am 6. Juni, schrieb der Kaiser an die Schauspielerin, die vor der Abreise ins Salzkammergut stand: „Da ich doch gerne genau wissen möchte, wo ich Sie bei Wolfgang finden kann und da ich ungeschickter Weise mir den Namen des Hauses, in welchem Sie die Sommermonate zubringen werden,

den Sie neulich bei Angeli nannten, nicht gemerkt habe, so bitte ich mir auf ein Stückerl Papier die Antwort auf folgende Fragen zu schreiben: Wie heißt das Haus oder die Villa? Wie lange geht man zu Fuß von Wolfgang dahin? Werden Sie Anfang Juni schon dort sein oder erst später hinkommen?"

Am 7. Juli 1886 schrieb der Kaiser neuerlich, diesmal schon aus Ischl an Katharina Schratt, die sich am Wolfgangsee aufhielt: „Da ich nach Ihrem letzten Briefe vermuthe, daß Sie Heute bereits in Frauenstein sind, so erlaube ich mir zu melden, daß ich, wenn Sie nichts dagegen haben, morgen den 9., ungefähr um ½9 Uhr früh zu Ihnen kommen werde. Ich werde um 7 Uhr früh von hier nach Wolfgang fahren und mich von dort zu Fuß durchfragen, bis ich Frauenstein gefunden habe. In der frohen Erwartung baldigen Wiedersehens bleibe ich Ihr ergebener Franz Joseph."

Diese Briefe waren der Beginn einer Korrespondenz, die sich über Jahrzehnte erstreckte und in der das rege Interesse zum Ausdruck kam, mit dem Franz Joseph alle Vorgänge im Burgtheater verfolgte. Am 12. Mai 1887 feierte Charlotte Wolter als „Sappho" auf der Bühne ihr 25jähriges Burgtheaterjubiläum. Wenige Tage darauf, am 19. Mai, schrieb der Monarch aus Ischl an Katharina Schratt: „Jetzt komme ich doch mit Fragen, denn ohne denen lauft es einmal bei mir nicht ab. Warum haben Sie neulich bei der Jubiläumsvorstellung nicht die Melitta gespielt? So sehr die Vorstellung darunter gelitten hat, so froh war ich, Sie im Parterre zu sehen und ein freundliches Lächeln von Ihnen zu erhaschen! Wie haben Sie sich bei dem Bankette mit dramatischer Vorstellung und Ball unterhalten? Ist es wahr, daß Sie die Jungfrau von Orleans gesprochen haben? Ich höre, daß die jugendliche Jubilarin bis vier Uhr früh getanzt hat und um zehn Uhr war sie bereits bei mir, um sich zu bedanken und sah nach aller Anstrengung frischer aus als wie als Sappho. Wirklich bewunderungswürdig!"

Die Zeiten, in denen Kaiser Franz Joseph auf dem Weg über das Obersthofmeisteramt Kritik an Vorstellungen des Burgtheaters aussprechen hatte lassen, waren längst vorbei. Je älter der Monarch wurde, desto mehr stand er dem Hause in distanzierter Bewunderung gegenüber. Charakteristisch für seine Einstellung war, daß er das Burgtheater den Olymp nannte und die Schauspieler dementsprechend Götternamen trugen: So war Adolph von Sonnenthal - den der Kaiser nicht leiden konnte - der Jupiter, Charlotte Wolter die Juno und Stella Hohenfels die Diana. Nachdem Graf O'Sullivan, der Gatte Charlotte Wolters, gestorben war, schrieb der Monarch an Frau Schratt: „Beim Begräbnis waren Sie wohl auch dabei. Es ist mir nicht ganz klar, warum und in welcher Eigenschaft Jupiter wieder eine Rede hielt. Meines Wissens war Graf O'Sullivan nicht Mitglied des Burgtheaters . . ."

Stella Hohenfels, die Gattin des künftigen Burgtheaterdirektors Alfred Freiherr von Berger, war so vornehm, daß sie sich weigerte, eine Rolle zu übernehmen, in der sie als armes Mädchen mit einem Loch im Ärmel ihres Kleides auftreten hätte müssen.

Über Diana, wie Franz Joseph die Hohenfels nannte, schrieb er einmal: „Neulich begegnete ich ihr zu Wagen, als ich von einer Truppeninspizierung im Prater über die Ringstraße nach Hause fuhr. Sie grüßte mich zwar herablassend, aber mit einem teils ungnädigen, teils melancholischen Ausdrucke, wie am Theater."

Stella Hohenfels

Der Tag der Eröffnung des neuen Burgtheaters rückte näher. Adolf Wilbrandt, der das alte Haus sechs Jahre mit Umsicht und Erfolg geleitet hatte, fühlte sich der schweren Aufgabe des Umzuges in ein neues und viel größeres Gebäude nicht gewachsen und trat im Juni 1887 zurück. Feinsinnig bis zuletzt, kleidete er die Gründe für seinen Rücktritt in die Worte: „Der Dichter in mir hat den Direktor vom Sessel gezogen."

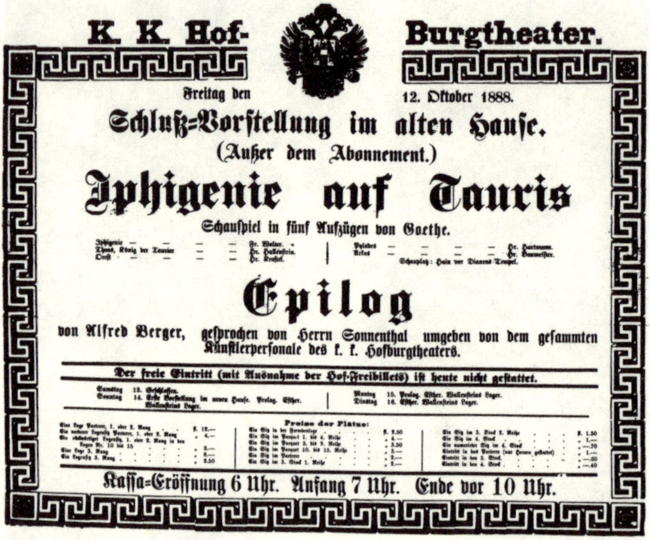

K. K. Hof- Burgtheater.

Freitag den 12. Oktober 1888.

Schluß=Vorstellung im alten Hause.

(Außer dem Abonnement.)

Iphigenie auf Tauris

Schauspiel in fünf Aufzügen von Goethe.

Iphigenie — Fr. Wolter.
Thoas, König der Taurier — Hr. Hallenstein.
Orest — Hr. Krastel.
Pylades — Hr. Hartmann.
Arkas — Hr. Baumeister.

Schauplatz: Hain vor Dianens Tempel.

Epilog

von Alfred Berger, gesprochen von Herrn Sonnenthal umgeben von dem gesammten Künstlerpersonale des k. k. Hofburgtheaters.

Der freie Eintritt (mit Ausnahme der Hof-Freibillets) ist heute nicht gestattet.

Samstag 13. Geschlossen.
Sonntag 14. Erste Vorstellung im neuen Hause. Prolog. Esther. Wallensteins Lager.
Montag 15. Prolog. Esther. Wallensteins Lager.
Dinstag 16. Esther. Wallensteins Lager.

Preise der Plätze:

Eine Loge Parterre, 1. oder 2. Rang . . . fl. 12.—
Ein vorderer Logensitz Parterre, 1. oder 2. Rang . . . „ 4.—
Ein rückwärtiger Logensitz, 1. oder 2. Rang in den Logen Nr. 10 bis 15 . . . „ 3.—
Eine Loge 3. Rang . . . „ 8.—
Ein Logensitz 3. Rang . . . „ 2.50
Ein Sitz in der Fremdenloge . . . fl. 2.50
Ein Sitz im Parquet 1. bis 4. Reihe . . . „ 4.—
Ein Sitz im Parquet 5. bis 9. Reihe . . . „ 3.50
Ein Sitz im Parquet 10. bis 15. Reihe . . . „ 3.—
Ein Sitz im Parterre . . . „ 2.—
Ein Sitz im 3. Stock 1. Reihe . . . „ 2.—
Ein Sitz im 3. Stock 2. Reihe . . . fl. 1.50
Ein Sitz im 4. Stock . . . „ 1.—
Ein numerirter Sitz im 4. Stock . . . „ —.70
Eintritt in das Parterre (nur Herren gestattet) . . . „ 1.—
Eintritt in den 3. Stock . . . „ —.60
Eintritt in den 4. Stock . . . „ —.40

Kassa=Eröffnung 6 Uhr. Anfang 7 Uhr. Ende vor 10 Uhr.

Wilbrandts Rücktritt war zwar nicht überraschend gekommen, doch fand sich zunächst kein geeigneter Nachfolger, so daß man zu der in Österreich beliebten Lösung des Provisoriums griff: Adolph Ritter von Sonnenthal, der soeben mit großem Glanz sein dreißigjähriges Burgtheaterjubiläum gefeiert hatte, wurde interimistischer Leiter des Hauses. Wann das neue Gebäude am Ring, mit dessen Bau vor mehr als einem Jahrzehnt begonnen worden war, tatsächlich eröffnet werden würde, stand bis zuletzt nicht fest. Noch am 12. September hieß es in den „Wiener Briefen" in der Beilage der Münchener „Allgemeinen Zeitung": „Die Eröffnung des Burgtheaters hat wieder den üblichen Aufschub erfahren. Vorläufig ist der 1. October angesetzt und hat noch keinen bestimmten Nachfolger. Vielleicht ist es der 1. November, vielleicht der 15. November, vielleicht der Kaiser-Jubeltag im December, vielleicht . . ."

Es wurde dann aber weder der 1. noch der 15. November, sondern der 14. Oktober. Zwei Tage zuvor, am Freitag, dem 12. Oktober 1888, fand im alten Haus am Michaelerplatz, das dem Burgtheater seit mehr als einem Jahrhundert Heimstätte gewesen war, die letzte Vorstellung statt. Man gab Goethes „Iphigenie auf Tauris", verkaufte in den Pausen Sonnenthal-Stangerln, Wolter-Brezeln und Hohenfels-Kipferln, und nach dem letzten Akt sprach – wie es auf dem Programmzettel hieß – „Herr Sonnenthal umgeben von dem gesammten Künstlerpersonale des k. k. Hofburgtheaters" einen von Alfred Berger verfaßten Epilog, der mit den Worten schloß:

„Des Kaisers Huld verlieh dem neuen Haus
Den alten Namen, der in goldner Schrift
Von seiner hohen Marmorstirne glänzt.
Und wenn ihr künftig drüben uns besucht,
So sollt ihr in den stolzen Hallen finden,
Was mehr uns gilt als alle Pracht der Welt:
Im neuen Haus – das alte Burgtheater!"

Der Umzug der Schauspieler

Kaum hatte Sonnenthal geendet, als das große Plündern begann, denn jeder Wiener wollte ein Andenken an das alte Burgtheater besitzen. Auch der Kaiser und seine Tochter beteiligten sich an der allgemeinen Plünderung, wie Erzherzogin Marie Valerie in ihrem Tagebuch vermerkte. „Papa schnitt mir eigenhändig ein Stück Stoff vom ‚Bankerl' unserer guten alten Loge heraus. Ich nahm mir sogar die Uhr der Loge."

K. K. Hof- Burgtheater.

DRITTES KAPITEL

Vater, es wird nicht gut ablaufen

ODER GLANZ UND ELEND DES NEUEN HAUSES

1888 – 1918

Am Sonntag, dem 14. Oktober 1888, wurde das neue Haus feierlich eröffnet. Nachdem Adolph von Sonnenthal, Charlotte Wolter, Stella Hohenfels und Helene Gabillon in einem szenischen Prolog aufgetreten waren, spielte man zuerst Grillparzers Fragment „Esther" und dann „Wallensteins Lager", das mit dem Ausruf des Bauernknaben beginnt, den die junge Anna *Kallina* hell in den Raum schmetterte: „Vater, es wird nicht gut ablaufen ..."

Das waren prophetische Worte, denn mit dem neuen Theater war niemand zufrieden. Den Unmut der Schauspieler faßte Hugo Thimig in einer Tagebucheintragung zusammen: „Nun sitzen wir unrettbar fest in der neuen, prunkvollen Gruft unseres Burgtheaters und sehen, qualvoll und geängstigt als Lebendbegrabene, wie man das alte liebe Haus am Michaelerplatz langsam und erbarmungslos einreißt. Wir werden noch eine kurze Zeit an unsrem alten Ruhm zehren, und dann wird der Fluch des neuen Riesentheaters alle unsere guten Traditionen vernichtet haben und wir werden ein schulloses Institut sein wie irgendein anderes Hof- oder Stadttheater. Vom ersten Schauspieler bis zum letzten Theaterarbeiter sind wir tief betrübt. Es ist unmöglich, das neue Haus warm zu durchglühen und jene erhebende Wechselwirkung zwischen Publikum und Bühne in ihm hervorzubringen, die im alten Theater die Kraft, das Gedeihen und die Keuschheit unserer Kunst ausmachte. Nichts als Pracht, Luxus, Verschwendung, zerstreuender Firlefanz tritt uns auf Schritt und Tritt in der neronischen Schöpfung unseres neuen, unheimlichen Hauses entgegen, und nirgends eine Spur von Berücksichtigung des Kunstbedürfnis-

K. K. Hof- Burgtheater.

Sonntag den 14. Oktober 1888.

Eröffnungs-Vorstellung im neuen Hause.

(Außer dem Abonnement.)

Ouverture: „Die Weihe des Hauses" von Beethoven.

Scenischer Prolog

von Josef Weilen.

Der Geist des alten Burgtheaters — Hr. Sonnenthal. | Thalia — Frl.

Der Genius der Poesie — Fr. Wolter. | Melpomene — Fr. Gabillon.

Zum Beschluße: Das gesammte Künstlerpersonale des k. k. Hofburgtheaters.

Esther

Drama (Fragment) in zwei Aufzügen von Grillparzer.

König — Hr. Sonnenthal. | Theres — Hr. Altmann.
Mardochai — Hr. Hallenstein. | Keibai — Hr. Kracher.
Esther — Frl. Barsescu. | Erster Höfling — Hr. Stätter.
Haman — Hr. Lewinsky. | Zweiter Höfling — Hr. Löwe.
Zares — Fr. Regro. | Dritter Höfling — Hr. Bayer.
Bigthan — Hr. Arnau. | Ein Hauptmann — Hr. Reimers.

Wallensteins Lager

Dramatisches Gedicht in einem Aufzug von Schiller.

Wachtmeister) von einem Terzky'schen — Hr. Gabillon. | Uhlan — Hr. Rößen.
Trompeter) Carabinierregiment — Hr. Kracher. | Rekrut — Hr. Thimig.
Constabler — Hr. Bayer. | Bürger — Hr. Altmann.
Scharfschützen — Hr. Stätter. Hr. Fiala. | Bauer — Hr. Arnsburg.
Holkische reitende Jäger — Hr. Hartmann. Hr. Devrient. | Bauernknabe — Frl. Lallina.
Buttlerischer Dragoner — Hr. Reimers. | Kapuziner — Hr. Baumeister.
Arkebusiere vom Regimente Tiefenbach — Hr. Rötel. Hr. Adam. | Soldatenschulmeister — Hr. Meixner.
Kürassier von einem wallonischen Regiment — Hr. Hallenstein. | Marketenderin — Fr. Kratz.
Kürassier von einem lombardischen Regiment — Hr. Dürer. | Aufwärterin — Fr. Wagner.
Croat — Hr. Sommer. | Soldatenjunge — Emilie Bella.

Prager Musikanten, Landleute, Soldatenkinder, Soldaten.

Ort der Handlung: Vor der Stadt Pilsen in Böhmen.

Zwischen dem Scenischen Prolog und „Esther" eine Pause von 20 Minuten.

Der freie Eintritt ist heute ohne Ausnahme aufgehoben.

ses, des praktischen Theaterelementes. Das einzige, was uns retten kann, ist ein neues Haus oder die vollständige Umgestaltung des jetzigen. Dazu wird man sich kaum verstehen. Man wird uns kaltlächelnd künstlerisch zugrunde gehen lassen ..."

Nicht jeder war ein so sonniges Gemüt wie der Hanseate Ernst *Hartmann*, der auf die neue Bühne kam, auf der es fürchterlich zog, den angefeuchteten Zeigefinger emporhob und strahlend ausrief: „Ausgezeichneter Segelwind!"

Auch das Publikum war unzufrieden. Eine Majorsgattin namens Marie *Bohatsch*, Inhaberin des Stammsitzes Nr. 27 der vierten Galerie, erste Reihe, schrieb

der Direktion: „Die Lehnen dieser Sitze sind so niedrig gehalten, daß die Besucher der zweiten Reihe die Füße auf diese stellen und selbe als Schuhschemel gebrauchen und den Besuchern der ersten Reihe nicht nur die nassen Kleider, sondern auch die beschmutzten Schuhe und Stiefel auf den Rücken stellen. Ich sage Stiefel, weil nicht nur Damen, sondern auch Herren dieser Unart huldigen. Ersucht man artig, die Füße herabzugeben, so wird dem keine Folge geleistet, oder man wird von den Leuten mit den Knien in den Kopf gestoßen, was einem den Besuch des Theaters verleidet."

Der Ingenieur Karl Wulles machte sich zum Sprachrohr des Parkettpublikums und artikulierte dessen Beschwerden folgendermaßen: „Es muß etwas geschehen, wenn unsere Hofbühne nicht zu einer bloßen Schaubühne, das heißt zu einem Theater, in welchem man auf vielen Plätzen wohl etwas sieht, aber nichts hört, herabsinken soll. Wie soll ein Publikum Beifall spenden, wenn es die Schauspieler nicht versteht? Also müssen Adaptierungen vorgenommen werden!"

Was Ingenieur Wulles meinte, vertrat auch der Kritiker und Feuilletonist Ludwig *Speidel* am 6. Jänner 1889 in der „Neuen Freien Presse": „Feines Sprechen, sonst ein Vorzug des Burgtheaters, ist unmöglich geworden. Wo aber das Wort, dieses Kleinod des Burgtheaters, sich nicht mehr geltend machen kann, da ist das Burgtheater zu Ende. Will man diese unvergleichliche Zierde Wiens retten, so ergreife man die energischesten Maßregeln: Entweder man baue ein einfaches, neues Haus, oder man baue den eigentlichen Theaterraum des neuen Hauses so gründlich um, daß kein Stein auf dem anderen bleibt."

Für Satiriker und Karikaturisten war das neue Haus ein gefundenes Fressen. So zeigte eine zeitgenössische Zeichnung einen Mann mit Bergstock und Kletterseil, der erklärte: „Ich hab mir eine Karte für die vierte Galerie im Burgtheater gekauft."

Eduard von Bauernfeld, der ansonsten zu Jubiläen und anderen freudigen Anlässen gereimt hatte, lieferte nun im „Neuen Wiener Tagblatt" unter dem Titel „Auf der vierten Galerie" ein einschlägiges G'stanzl:

„Von dieser schwindelnd steilen Höhe
Gewahr' ich unsern Sonnenthal,
Mein Leben aber, ich gestehe,
Riskier' ich nicht ein zweites Mal."

Einen Logenbesucher ließ Bauernfeld sagen:
„Verwünschtes Loch: Ich armer Tropf,
Wie um mein Geld ich weine!
Vom Krastel seh ich nur den Kopf,
Vom Gabillon die Beine."

Das neue Burgtheater insgesamt wurde von Bauernfeld mit dem folgenden Vierzeiler bedacht:
„Welcher Glanz und welche Pracht,
Wie in tausend und einer Nacht!
Von Bildern und Statuen ein Gemengsel,
Und ein Theater – als Anhängsel."

Der Volksmund faßte die Kritik an den Prachtbauten der Ringstraße in die Worte zusammen: „Im Parlament hört man nichts, im Rathaus sieht man nichts, und im Burgtheater hört und sieht man nichts."

Eine andere Variante lautete: „Die Oper ist ein Theater, in dem man nichts sieht, die Burg ist ein Theater, in dem man nichts hört, und das Parlament ist ein Theater, von dem man am liebsten nichts sehen und hören würde!"

Alle schimpften; auch der Kaiser. Franz Joseph traf Ende November im neuen Burgtheater Charlotte Wolter, die noch um ihren verstorbenen Gatten trauerte, und schrieb nachher an Katharina Schratt: „Mit der Juno war ich nicht zu lieb, sondern nur höflich und teilnehmend für ihren Verlust. Übrigens war die Unterredung kurz, aber doch lang genug, um etwas über das neue Burgtheater zu schimpfen."

Jahre später erzählte Katharina Schratt dann ihrem Kollegen Hugo Thimig, daß der Kaiser angesichts der allgemeinen Kritik bereit gewesen wäre, am Ballhaus-

Theater.

Logen- und Sperrsitz-Eintheilung

im

K. k. Hof-Burgtheater.

(I., Franzensring.) — Unter der Direction des Dr. August Förster.

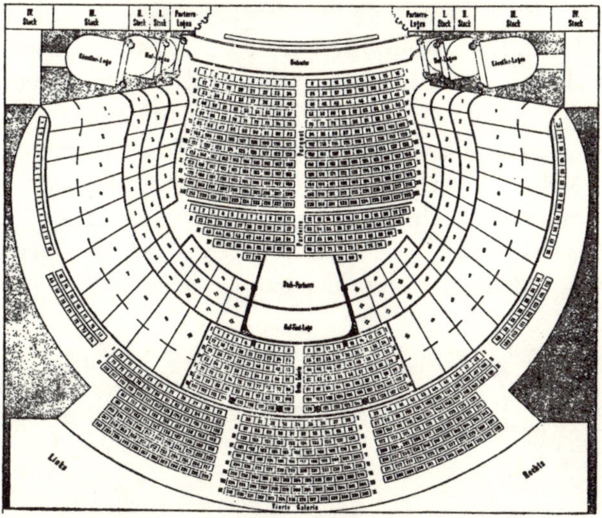

Preise der Plätze:

Eine Loge im Parterre, 1. und 2. Rang . . . . fl. 25.—	Ein Sitz auf der 3. Gallerie 1. Reihe . . . . . fl. 2.50
Eine Loge im 3. Stock . . . . „ 12.—	Ein Sitz auf der 3. Gallerie 2. bis 4. Reihe . . „ 2.—
Ein Sitz im Parquet 1. Reihe . . . . „ 5.—	Ein Sitz auf der 3. Gallerie 5. bis 7. Reihe . . „ 1.—
Ein Sitz im Parquet 2. bis 4. Reihe . . . . . „ 4.—	Ein Sitz auf der 4. Gallerie 1. Reihe . . . . . „ 1.50
Ein Sitz im Parquet 5. bis 9. Reihe . . . . . „ 3.50	Ein Sitz auf der 4. Gallerie 2. bis 6. Reihe . . „ 1.—
Ein Sitz im Parquet 10. bis 13. Reihe . . . . „ 3.—	Ein Sitz auf der 4. Gallerie 7. bis 9. Reihe . . „ –.70
Ein Sitz im Parterre 1. Reihe . . . . „ 3.—	Eintritt in das Stehparterre (nur Herren gestattet) . „ 1.—
Ein Sitz im Parterre 2. bis 5. Reihe . . . . . „ 2.50	Eintritt in die 4. Gallerie (Stehplatz) . . . . . . „ –.40

Zu jeder im Repertoire angekündigten Vorstellung erfolgt Tags vorher bis 1 Uhr Nachmittags die Ausgabe der Stammsitze, von 1 bis 5 Uhr Nachmittags der allgemeine Vorverkauf der restirenden Sitze gegen Entrichtung der Vorkaufsgebühr. Diese beträgt für einen Parquet-Sitz 1. Reihe 1 fl., für Parquet- und Parterre-Sitze 50 kr., für Gallerie-Sitze 30 kr. Die Vorkaufsgebühr wird für Parquet-Sitze auch noch am Tage der Vorstellung bis 12 Uhr Mittags, für die anderen Plätze nur bis zum Tage vorher eingehoben. Im Falle einer Abänderung am Tage gelten für alle Sitzkategorien die gewöhnlichen Tagespreise.

Ueber Stammsitze (Checksystem) und Abonnements siehe Seite 20.

Abb. 4: Logen- und Sperrsitz-Einteilung im Hofburgtheater aus Lehmann's Wohnungsanzeiger 1889
(aus Lehmann's Wohnungsanzeiger)

platz ein neues kleines Theater mit direktem Verbindungsgang zur Hofburg zu bauen. Der erste Obersthofmeister, Prinz Constantin *Hohenlohe-Schillingsfürst,* verhinderte dieses Vorhaben mit den Worten: „Majestät, damit müßte ich eingestehen, daß ich ein Esel war, daß das neue Haus unbrauchbar ist!"

Die Architekten Gottfried *Semper* und Karl *von Hasenauer* hatten tatsächlich ein eigenartiges Gebäude errichtet. Es war zwar wesentlich größer als das alte Haus am Michaelerplatz, hatte aber um 18 Logen weniger. Es war zwar als erstes Ringstraßengebäude mit elektrischem Licht versehen, aber die Akustik war schlecht. Das Publikum konnte sich zwar am Anblick von herrlichen Deckengemälden und Statuen erfreuen, doch die Sicht auf die Bühne war nicht zuletzt wegen der eigenwilligen Lyraform des Zuschauerraumes schlecht. Die Hartnäckigkeit, mit der Hasenauer den Primat der Architektur vor den Erfordernissen des Theaters verteidigte, charakterisiert sein Ausspruch: „Ja soll denn der Stein der Pappe weichen?!"

Das Publikum hatte den Schock des neuen Gebäudes noch kaum verwunden, als die Monarchie und mit ihr das Burgtheater ein schwerer Schlag traf: Am 30. Jänner 1889 begingen Kronprinz Rudolph und seine Geliebte Mary Vetsera in Mayerling Selbstmord. Das Burgtheater blieb geschlossen, und nachdem es am 10. Februar die Vorstellungen wieder aufgenommen hatte, notierte Hugo Thimig in seinem Tagebuch: „Wir dürfen vorläufig keine Stücke geben, in denen Selbstmorde vorkommen . . . Mitte Juni . . . Hamlet. Auf Anordnung Sonnenthals mußte die ganze Einleitung der Todtengräberscene, die Besprechungen über den Selbstmord der Ophelia wegbleiben – aus Rücksicht auf den Hof, der darin eine Reminiscenc an Kronprinz Rudolph erblicken könne... Stark byzantinisch!"

Noch ein Jahr danach, am 22. Februar 1890, schrieb Gräfin *Kornis,* die Hofdame der Erzherzogin Marie Valerie, an den interimistischen Direktor Adolph von Sonnenthal: „Sie glauben gar nicht, welche Entbehrung es für Ihre Kaiserliche Hoheit war, das Burgtheater nun schon denn mehr ein Jahr nicht besucht zu haben; es ging halt schwer zusammen, da Seine Majestät noch nicht gehen wollte."

Kaiser Franz Joseph blieb zwar im Trauerjahr dem Burgtheater fern, doch den Umgang mit Katharina Schratt suchte er nun mehr denn je. So schrieb er am 16. März 1889, wenige Wochen nach Rudolphs Tod, an die Künstlerin: „In der Zeitung las ich, daß Sie heute in Wien eintreffen und nächste Woche Ihre Tätigkeit am Theater wieder aufnehmen. Ich möchte wissen, wer sich die Mühe gibt, so etwas zu erfinden. Dann las ich, daß Frau Lewinsky vom 1. Mai an engagiert ist, was ich dem Gemahle, der es gewünscht hat, gönne und daß dem Schauspieler Nötel die linke kleine Zehe amputiert wurde, wieder die Folge einer Hühneraugenoperation. Darum leide ich oft recht unangenehme Schmerzen an meinen Hühneraugen, da ich mir dieselben, wegen der damit verbundenen Gefahr nie schneiden lasse. Ich bin sehr neugierig, wer im ‚Fechter von Ravenna' das Blumenmädchen spielen wird. Sie sehen, daß ich schon einiges Interesse am Tratsche nehme, immerhin eine kleine Besserung meiner traurigen Stimmung. Den größten Fortschritt wird hoffentlich das Wiedersehen mit Ihnen bewirken. Nun leben Sie wohl, meine liebe, liebe Freundin, schonen Sie Ihre Gesundheit und kommen Sie nicht zu früh in den rauhen Norden. Die Kaiserin grüßt Sie herzlich und ich bleibe in Liebe und Freundschaft Ihr treu ergebener Franz Joseph."

Die künstlerische Leitung des Burgtheaters war in dieser Zeit durch Provisorien gekennzeichnet. Auf den Interimsdirektor Adolph von Sonnenthal war am 1. November 1888, vierzehn Tage nach Eröffnung des neuen Hauses, sein Kollege, der Hofschauspieler Dr. August Förster, gefolgt. Förster verstarb aber plötzlich im Dezember 1889, worauf Sonnenthal abermals die interimistische Leitung des Hauses übernahm, bis im Mai 1890 Dr. Max *Burckhard*, ein Beamter des Un-

Eine Regiesitzung im Jahre 1890. Von links nach rechts: Regisseur Emerich Robert, Regisseur Josef Lewinsky, Direktor Dr. Max Burckhard, Oberregisseur Adolf von Sonnenthal, Regisseur Louis Gabillon, Regisseur Ernst Hartmann, Regisseur Fritz Krastel, Regisseur Bernhard Baumeister

terrichtsministeriums, zum Direktor bestellt wurde. Um die Berufung Burckhards, von dem Hermann Bahr erzählte, er sei vor seinem Amtsantritt nur siebenmal im Burgtheater gewesen, rankten sich allerlei Geschichten. So wurde behauptet, Burckhard, der ein ausgezeichneter Jurist war, habe sich eigentlich um die Direktion der Bodenkreditanstalt beworben, doch habe ihn der Obersthofmeister, Fürst Hohenlohe, irrtümlich an die Spitze des Burgtheaters berufen. Einer anderen Version zufolge soll der Kanzleidirektor der Generalintendanz, Hofrat Wlassak, Burckhard beim Kegelschieben zwischen zwei Schüben gefragt haben, ob er Burgtheaterdirektor werden wolle. Nach kurzem Zögern soll Burckhard geantwortet haben: „Warum nicht? Wenn Sie glauben, daß ich die nötigen Eigenschaften habe, vor allem den erforderlichen guten Magen!“

Burckhard, der sich selbst einen „Stößermenschen“ nannte, weil er gerne einen Halbzylinder trug, und von dem Hugo *von Hofmannsthal* meinte, er sei eine „Mischung von reinem Toren und gefinkeltem Diplomaten“, wurde am 14. Mai 1890 auf der Bühne den versammelten Schauspielern vorgestellt. Hugo Thimig notierte dazu: „Es war ein interessantes Bild, den jungen, hübschen Mann mit den gescheiten und energischen Augen an der Schwelle dieser hohen Stellung zu sehen. Max Burckhard sprach gescheit und ehrlich, machte aber einen etwas frostigen Eindruck durch monotonen Vortrag und war etwas zu lang. *Schöne* äußerte danach zu mir: Kein Herz für das Burgtheater.“

Burckhard blieb aber fast acht Jahre im Amt und führte in dieser Zeit das Repertoire des Burgtheaters vorsichtig und überlegt an die zeitgenössische Litera-

Burckhard mit Kathi Schratt

tur heran. Leicht war das nicht, denn das Publikum des Burgtheaters war recht konservativ. So berichtete Emmi *Brioschi,* eine Dame der Wiener Gesellschaft, der Logenschließer habe vor Beginn der Aufführung eines naturalistischen Stückes zu ihrem Onkel gesagt: „Bitte, Herr Baron, heute nicht ablegen. Es geht ein Ofenrohr durch die Bühne!"

Burckhard wagte es sogar, Schnitzler aufzuführen, obwohl Olga *Gussmann,* die spätere Gattin des Dichters, zu erzählen pflegte, ihre Mutter habe ihr in ihrer Jugend eingeschärft: „Wenn ein junges Mädchen bei einem Schnitzler-Stück gesehen wird, bekommt es keinen Mann!"

Drittes Kapitel

LIEBELEI

Arthur *Schnitzler* war der Sohn eines angesehenen Laryngologen, in dessem Hause viele Burgschauspieler verkehrten. Als der Sohn, der ebenfalls Arzt geworden war, sich ganz der Schriftstellerei zuwenden wollte, gab der Vater Sonnenthal zwei Stücke Arthurs zu lesen und bat um sein Urteil. Es fiel vernichtend aus. „Arthur ist als Schriftsteller ganz unbegabt", meinte Sonnenthal. Als Burckhard daher im Jahre 1895 ankündigte, er werde Schnitzlers „Liebelei" aufführen, meinte Berta *Zuckerkandl,* die immer alles wußte, was man in Wien gerade wissen mußte, zu ihm: „Und was wird Sonnenthal dazu sagen?" Lächelnd antwortete Burckhard: „Was er sagen wird? Da ich ihm die Hauptrolle gebe, wird er im Brustton der Überzeugung tremolieren: ‚Ich habe ja immer gesagt ... Arthur ist ein Genie!'"

Tatsächlich feierte Sonnenthal als alter Weiring in der „Liebelei" einen großen Erfolg, doch als ihm Schnitzler seinen „Anatol"-Zyklus zu lesen gab, meinte er angewidert: „Arthur, wie schade um deine hübsche Begabung! Du schilderst ja eine Kloake, nichts als Strizzis und Dirnen!"

Das Nebeneinander von alten und neuen Schauspielern und Stücken veranlaßte Hermann *Bahr* zu einem hämischen Kommentar, in dem es hieß: „Die Burg hat keinen Ton. Die Burg hat keinen Stil. Die Burg hat kein Ensemble. Jeder spielt auf eigene Faust. Einer spielt nach links, der andere rechts, bald weimarerisch, bald modern, jeder für sich, keiner im Ganzen. Es fehlt die Seele. Der Bonn spielt einen farbigen Richard von 1890 und die Wolter neben ihm eine marmorne Margarete von 1780. Beides ist möglich, aber zusammen ist es unmöglich. Man kann zeichnen und man kann malen, aber halb gezeichnet und halb gemalt ist gar nichts. Man stimme den Bonn auf die Wolter, oder man stimme die Wolter auf den Bonn ab, aber stimmen muß es.“

Das ist ein Überwinder
Mit leichtem und keckem Sinn,
Man nennt ihn sogar den Erfinder
Der jungen Schule von Wien.

Die Alten zu Paaren treibt er,
Die Grünen kriegt er nicht satt,
Am besten und glänzendsten schreibt er,
Sobald er Unrecht hat.

Bahrs Kritik vermochte nichts daran zu ändern, daß dem Publikum die alten Schauspieler lieber waren als die neuen Stücke. So hat Ludwig Speidel folgenden Ausspruch eines Burgtheaterbesuchers überliefert: „Das soll ein Stück sein, wenn sich der Sonnenthal schon im ersten Akt erschießt!“

Im übrigen gab es auch im neuen Haus die alte Zensur. Als Burckhard im Oktober 1891 Shakespeares „Macbeth" in den Spielplan nahm, erlaubte der Polizeizensor die Aufführung mit den Worten: „Die in dem Stück vorkommenden Soldaten dürfen nicht die österreichische Uniform tragen!"

Adolph von Sonnenthal und Charlotte Wolter waren nicht die einzigen Mitglieder des alten Laube-Ensembles, die in das neue Haus und damit in eine neue Zeit eingezogen waren. Bernhard Baumeister etwa wurde am Burgtheater uralt, und je älter er wurde, desto weniger kam er mit seinem Text zurecht. Als er einmal auf der Bühne des neuen Hauses völlig schwamm, sagte er statt seines Textes ganz einfach mit großem Pathos: „Bla, bla, bla . . .!" Als ihn die Kollegen nach der Vorstellung deswegen zur Rede stellten, meinte er ungerührt: „Macht nix! Da glauben die Zuschauer doch nur, es ist wieder die schlechte Akustik im neuen Haus!"

Baumeisters hohes Alter war für seine Kollegen eine beliebte Quelle von Scherzen. Man erzählte sich, zwischen zwei Burgschauspielern, die an seiner Garderobe vorbeigingen, deren Tür offenstand, habe sich folgender Dialog entsponnen: „Schau, wie jugendlich er sich heute schminkt!" – „Was spielt er denn?" – „Den alten Moor!"

Baumeister seinerseits pflegte auf die Frage, wie alt eigentlich sein Kollege Sonnenthal sei, zu antworten: „Wir kamen gleichzeitig und gleichaltrig ans Burgtheater, aber bei unserem fünfundzwanzigjährigen Jubiläum war Freund Sonnenthal bereits wesentlich jünger als ich, und seither habe ich ihn altersmäßig überhaupt aus den Augen verloren!"

Trotz hohen Alters blieb Sonnenthal bis zuletzt ein Freund der Damen. Als er sich wieder einmal lebhaft um eine junge Kollegin bemühte, fragte ihn Ernst Hartmann besorgt: „Und was wirst du machen, wenn sie dich erhört?“

Baumeister wiederum war bis zuletzt in Geldverlegenheiten. Waren Hofschauspieler durch allzu viele Vorschüsse in Schulden geraten, so wurden sie ihnen vom Kaiser meistens nachgelassen, worauf sie in Audienz bei ihm erschienen, um ihren Dank auszusprechen. Als Bernhard Baumeister zum dritten Mal in Dankaudienz erschien, fragte ihn der Kaiser: „Sagen Sie, Herr Hofschauspieler, wie macht man eigentlich so viele Schulden?“ Baumeister antwortete lächelnd: „Verzeihung, Majestät, das ist mein Geheimnis!“

Bei feierlichen Anlässen wurde im Burgtheater nach wie vor gedichtet. Als Ludwig Gabillon im Jahre 1893 sein vierzigjähriges Burgtheaterjubiläum feierte, stellte sich Ernst Hartmann mit folgenden Versen ein:

„Vierzig Jahr – Beneidenswerter –
Warfst du Speere, schwangst du Schwerter,
Warst du Gentleman und Schuft –
Bald ein Geist aus tiefer Gruft,
Bald ein König, Landesknecht,
Geistreich, blöde, gut und schlecht,
Liebenswürdig, unausstehlich,
Ahnenreich und außerehlich,
Heide, Jude, Muselmann,
Frommer Christ auch dann und wann –
Warst vertieft in Weltbetrachten,
Siegesheld in heißen Schlachten,
Bist auch mal, ich muß es sagen,
Von mir selbst aufs Haupt geschlagen,
Kurz, hast alle Erdenfreuden,
Alle jammervollen Leiden
Einer ganzen Menschenwelt,
Widerspiegelnd dargestellt.

Der muntere Hanseate Hartmann verstand es, mit Anstand zu altern. Als er eines Tages Carl von *Zeska* traf, der 1892 engagiert worden war, um nach und nach seine Rollen zu übernehmen, sagte er zu Sonnenthal: „Da schau her, der Zeska bekommt auch schon graue Haare." Worauf Sonnenthal erwiderte: „Während wir beide schon wieder schwarz geworden sind."

Viel schwerer mit dem Altern tat sich Charlotte Wolter, die einmal freimütig bekannte: „Spielen ist keine Kunst, aber aufhören zu spielen, das ist eine Kunst!"

Charlotte Wolter, eine jüngere Kollegin erdolchend

Jakob *Minor* brachte die Problematik des Nichtaufhörenkönnens nach dem Tode Charlotte Wolters im Jahre 1897 auf die Formel: „Was hätte sie für das Repertoire des Burgtheaters bedeuten können, wenn sie in den letzten zehn Jahren weniger junge und mehr alte und weniger alte und mehr neue Rollen gespielt hätte!"

Als Adele *Sandrock* im Jahre 1895 ans Burgtheater engagiert wurde, an dem sie freilich nur drei Jahre verblieb, machte sie Charlotte Wolter in deren Hietzinger Villa einen Antrittsbesuch, um sich deren Wohlwollen zu erwerben. Das war aber vergebliche Liebesmüh, denn das Verhältnis zwischen den beiden Schauspielerinnen, die ein Altersunterschied von 29 Jahren trennte, war gespannt. Dementsprechend ließ der Schriftsteller Julius *Bauer* die Jüngere in einem Vierzeiler sagen:

„Du vielgepriesene Herrin,
Wie bin ich kühn und keck,
Daß ich Dir die besten Rollen,
Spiel von der Nase weg."

Das Publikum hielt der Wolter bis zum Tode die Treue. Als die Tragödin im Jahre 1897 starb, erhielt die Sandrock so viele Briefe, die sie davor warnten, am Begräbnis teilzunehmen, da sie ansonsten mit Tätlichkeiten rechnen müßte, daß sie schließlich gegenüber einem Journalisten erklärte: „Ich hatte bis heute früh die Absicht, trotz der Drohbriefe, in Begleitung eines Herren an der Leichenfeier teilzunehmen. Nun aber langten heute Briefe von so gefährlichem Inhalt ein, daß ich es mit meiner persönlichen Sicherheit nicht vereinbaren kann, mich den mir angedrohten Insulten auszusetzen. Es brauchte mir ja nur jemand von diesen Fanatikern aus der dichten Menge der Zuschauer Vitriol ins Gesicht zu schütten, und ich wäre für immer unglücklich."

Die Wolter war nicht die einzige Kollegin, mit der sich die Sandrock nicht verstand. Als jemand in ihrer

Gegenwart die wunderschönen himmelblauen Augen von Auguste *Wilbrandt-Baudius* pries, sagte die Sandrock schnippisch: „Wer trägt denn heute noch Himmelblau!?“

Eine intellektuelle Schauspielerin war Adele Sandrock nicht. Als sie im Jahre 1895 die Prinzessin Eboli spielte, wurde sie in der Kulisse Zeugin des Gespräches zwischen Don Carlos und Marquis Posa und sagte danach: „Donnerwetter, der Junge liebt ja seine Mutter!“

Was der Sandrock an Intellekt fehlte, machte sie an Temperament wett. Für ihren späteren Verlobten *Roda Roda* war sie eine „Condottiera der Liebe", für ihre Kol-

legin Tilla *Durieux* war sie die „Löwin mit dem zerzausten Fell" und für Arthur *Schnitzler*, mit dem sie ein Verhältnis hatte und der sie in seinen Briefen wahlweise „Dilly, Diltsch, Dämon, liebes Kind, Engerl, Tragödin, Genie, Fratz, Canaille, Liebling, süßes Herz, fascinierende Person, gefährliches Wesen und herziger Schatz" nannte, war sie die „große Künstlerin mit der mittelgroßen Seele". Adele Sandrock ihrerseits stellte Schnitzler einmal vor dem Bühnentürl des Burgtheaters ihrer Kollegin Rosa Albach-Retty mit den Worten vor: „Das ist mein süßer Zwerg, Herr Doktor Schnitzler!"

Im Gegensatz zu Adele Sandrock, die es nur drei Jahre lang am Burgtheater aushielt, blieb Hedwig *Bleibtreu,* die Burckhard im Jahre 1893 engagierte, dem Hause bis zu ihrem Tode im Jahre 1958, also 65 Jahre lang, verbunden. Die Bleibtreu war eine elegante Erscheinung, mit einer unverwechselbaren Stimme, die Ernst *Lothar* später einmal „Gesprochenen Marmor" nannte. Einer der ersten Auftritte der Bleibtreu am Burgtheater erfolgte im Stück eines zeitgenössischen Autors, der bei den Proben anwesend war und ständig etwas auszusetzen hatte. Nachdem er bei einer Szene mit der Bleibtreu nicht weniger als viermal gesagt hatte: „Bitte noch einmal!", trat die Künstlerin an die Rampe, zog die weißen Glacéhandschuhe aus, die damals am Burgtheater noch für alle Proben obligat waren, und sagte in getragenem Tonfall: „Ist schon recht! Aber wenn ich's noch ein fünftes Mal spielen soll, können Sie mich kreuzweis am Arsch lecken!"

Über Lotte *Medelsky,* die 1896 ans Burgtheater kam, bis 1947 am Haus blieb und später noch gelegentlich in Matineen auftrat, ehe sie 1960 im Alter von achtzig Jahren starb, sagte ihr Kollege Viktor *Kutschera,* der ein Jahr vor ihr engagiert worden war, aber nur drei Jahre blieb, anerkennend: „Die Medelsky, das ist keine Schauspielerin, das ist ein Erdbeben . . .!"

Auch Otto *Tressler,* der 1896 engagiert wurde, blieb mit einer Unterbrechung in der Spielzeit 1919/20 fünfundsechzig Jahre lang am Burgtheater, nämlich bis zum Jahre 1961. Tressler hat in einem Erinnerungswerk unter dem Titel „Sechstausendfünfhundertvierzig Auftritte" sein Engagement folgendermaßen geschildert: „Der Vortragsmeister des Burgtheaters, Alexander *Strakosch,* war es, der mich 1896 in meiner Vaterstadt Stuttgart sah, in der Garderobe besuchte und mir vorschlug, mich dem damaligen Burgtheater-Direktor Burckhard für ein Engagement in Wien zu empfehlen. Ich hatte, ehrlich gesagt, keine Ahnung vom Burgtheater, stimmte aber auf jeden Fall zu. Nach einiger Zeit erhielt ich von einem Dienstmann ein Billett überreicht: ‚Ich erwarte Sie im Hotel Marquardt, Burckhard.' Als ich im Hotel erschien, sah ich einen Mann mit Steirerhüterl. ‚Ich hab' Sie gestern g'sehen', wienerte er, ‚und möcht Sie ans Burgtheater engagieren. Was wollen S' denn für eine Gage haben?' ‚Zehntausend Mark, das wären sechstausend Gulden jährlich.' ‚Das kann ich nicht bezahlen, ich kann Ihnen höchstens viertausend Gulden geben.' ‚Ich habe gehört,' entgegnete ich, ‚Wien sei ein teures Pflaster und kann daher unter sechstausend Gulden nicht abschließen.' ‚Wenn ich Ihnen diesen Betrag zahl', müssen Sie gastieren.' ‚Na, dann gastier ich eben.' ‚Das geht nicht', sagte er wörtlich, ‚wenn S' gastieren und g'fallen, werden S' nicht engagiert!' ‚Das verstehe ich nicht.' ‚Das glaub ich, aber wenn S' erst länger am Burgtheater sein werdn, werden S' es schon verstehen.'"

Wie es am Burgtheater zuging, erfuhr Tressler tatsächlich bald. Nach seinem Engagement sah er sich in der Künstlerloge eine Aufführung von Gustav Freytags „Journalisten" an. Als der Bellmaus auftrat, flüsterte ihm der Hofschauspieler *Rüden* zu: „Sehen Sie, auf den Bellmaus warte ich jetzt schon fünfzig Jahre!"

Das Burgtheater verlor im Jahre 1897 nicht nur Charlotte Wolter, sondern auch Friedrich Mitterwurzer, der nach einer Medikamentenverwechslung plötzlich verstarb. Als Baumeister die Nachricht vom Tode seines Kollegen erhielt, gab er einem neben ihm stehenden jungen Schauspieler eine schallende Ohrfeige und rief: „Herrgott! So was bleibt am Leben, und Mitterwurzer muß sterben!"

Würdiger war da schon der Nachruf von Hugo von Hofmannsthal, in dem es hieß:

„Da wußten wir, wer uns gestorben war:
Der Zauberer, der große, große Gaukler!
Er kroch von einer Larve in die andere,
Sprang aus des Vaters in des Sohnes Leib
Und tauschte wie Gewänder die Gestalten...
Denn in ihm war etwas, das viele Türen
Aufschloß und viele Räume überflog:
Gewalt des Lebens, diese war in ihm!
Und über ihn bekam der Tod Gewalt..."

Kaiser Franz Joseph blieb auch in der Ära Burckhard ein treuer, wenn auch zunehmend distanzierter Besucher des Burgtheaters. So schrieb er im Jänner 1895 an seine Frau, die wie immer auf Reisen war: „Ich ging dann bis 9 Uhr ins Burgtheater, wo Nathan der Weise mit neuer Besetzung gegeben wurde. Sonnenthal gab den Nathan statt Lewinsky ganz ausgezeichnet. Trotz der vortrefflichen Vorstellung schlief ich fest."

Der Ibsen-Cultus in Wien.

Am 13. April 1897 wandte sich Franz Joseph klagend an Katharina Schratt: „Pflichtschuldigst war ich Samstag in der letzten Burgtheatervorstellung, aber nur bis

9 Uhr. Es war weniger wie halbert, eigentlich recht betrübend. Außer Baumeister spielte niemand ganz gut, Adele Sandrock war eigentlich besser als ich erwartete, paßte aber, besonders im Aussehen nicht in ihre Rolle, Fräulein X sieht entsetzlich aus und spielte namenlos gemein, kaum in der Vorstadt möglich, Reimers war auch nicht gut, das schrecklichste war aber Frau Mitterwurzer. Die ganze Vorstellung war recht schlampert. Wo kommen wir hin, wenn das so fortgeht??!!"

Wie Franz Joseph in seinen Briefen, war Hugo Thimig in seinem Tagebuch ein verläßlicher Chronist des Burgtheatergeschehens. So notierte er am 2. Juli 1897: „Seine Eselenz unser General-Dilettant bleibt richtig vorläufig im Amte. Auch Burckhard blüht uns noch einige Zeit."

Der sonst so gut informierte Hugo Thimig war nicht ganz à jour. Ein halbes Jahr später, am 26. Jänner 1898, wurde Max Burckhard durch Paul *Schlenther* ersetzt, und wenige Tage darauf, am 14. Februar, wurde der Generalintendant Josef Freiherr von *Bezecny* durch August Freiherr von *Plappart* abgelöst, der zwar nur provisorisch bestellt wurde, aber, da in Wien Provisorien meist lange dauern, bis Juni 1906 im Amt blieb. Schlenther, der vor seiner Bestellung zum Direktor Theaterkritiker der „Vossischen Zeitung" gewesen war, wurde von Rudolph *Lothar* in seiner Geschichte des Wiener Burgtheaters folgendermaßen charakterisiert: „Nun in einem übertrifft Schlenther alle seine Vorgänger: Er ist der geschickteste Höfling, der je Director des Burgtheaters war. Er sagt zu allem Ja und Amen, zu den Herren oben und unten, rechts und links, zu den Schauspielern, die Rollen haben wollen oder zurückweisen, zur Censur, die widersinnig streicht und verstümmelt – aus einem Stücke wurde jüngst ein unehelicher Sohn mit Haut und Haar entfernt, weil – o seliger Hägelin! – wie der Censor meinte, das Budget an unehelichen Kindern im Burgtheater bereits erschöpft sei."

Der junge Fritz *Kortner* formulierte ähnlich: „Schlenther, ein zielsicherer, leidenschaftlicher und höchst erfolgreicher Theatermann, gab gleich nach seinem Amtsantritt als Burgtheaterdirektor seinen Geist auf und akzeptierte statt dessen den des Burgtheaters."

Weil Schlenther ein ebenso trinkfreudiger wie trinkfester Geselle war, höhnte Karl Kraus bald nach seiner Bestellung: „Man wollte einen Literaten an der Spitze des Burgtheaters haben, und siehe da, Herr Schlenther erweist sich als Doppelliterat ..."

Schlagfertigkeit war Schlenther nicht abzusprechen. Eines Tages erschien der langjährige Leiter der Regiekanzlei, Oskar *Datz,* in seinem Zimmer, teilte mit, daß er den Knabendarsteller Theodor *Danegger,* der später ein bekannter und beliebter Schauspieler wurde, mit einer Chordame in einer eindeutigen Situation erwischt habe, und fragte entrüstet: „Herr Direktor, was hat zu geschehen?" Schlenther, den die Geschichte zu amüsieren schien, erwiderte gelassen: „Wir schreiben auf den Programmzettel statt ‚Klein Danegger' in Hinkunft ‚Herr Danegger'."

Ein Schauspieler, der einen Vorschuß verlangte, wurde von Schlenther mit den Worten belehrt: „Mein lieber Freund, das ist das Burgtheater und nicht das Borgtheater!"

Schlenther setzte die Tradition seines Vorgängers fort, neue Stücke mit alten Schauspielern zu spielen, die dafür sorgten, daß der Naturalismus nicht allzu naturalistisch wurde. Als Gerhard Hauptmanns „Fuhrmann Henschel" mit Adolph von Sonnenthal in der Titelrolle angekündigt wurde, erklärte der Schriftsteller Oscar *Blumenthal:* „Das wird Hofrat Henschel. Er wird auf Gummirädern fahren."

Als Schlenther im Jahre 1901 mit „Lumpazivagabundus" zum ersten Mal ein Stück von Nestroy am Burgtheater aufführte, schrieb Felix *Salten* den unfreundlichen Kommentar: „Es wird im ersten Theater der Monarchie viel gesächselt, geschwäbelt, berlinert – aber wienerisch, österreichisch wird nicht gesprochen. Nun, da auch Nestroy seinen Einzug im Burgtheater gehalten, bleiben zur Verkörperung österreichischer Typen fast nur Schwaben, Sachsen und Preußen."

Auch Hermann Bahr hielt im Jahre 1901 mit seinem Stück „Der Apostel“ Einzug im Burgtheater. Selbstkritisch schrieb er nach der Premiere: „Das Stück fiel natürlich durch. Das ist das Entrée, das der Eindringling im Burgtheater meistens zu bezahlen hat; es lohnt sich.“

Neu am Burgtheater war, daß in zunehmendem Maße das Bühnenbild als eigenständige Kunstsparte hervortrat und zur Kenntnis genommen wurde. Als Schlenther im Jahre 1904 den Wilhelm Tell herausbrachte, schrieb Hermann Bahr: „Deshalb loben die Leute jetzt den Tell im Burgtheater so. Sie versichern, sich darin viel weniger zu langweilen, seit die Maler *Lefler* und *Goltz* die ganze Schweiz und zuletzt sogar ein Dachfeuer zeigen. Darüber freut sich die Phantasie geschäftig, nur der Text stört noch etwas.“

Neuerungen und Traditionen hielten einander die Waage. So war es am Burgtheater seit langem der Brauch, daß Hofschauspielerinnen, die entbanden, aus der Privatschatulle des Kaisers 1 000 Gulden bekamen.

Als nun im Jahre 1902 gleich drei Damen, nämlich Rosa *Albach-Retty*, Lotte *Medelsky* und Anna *Kallina*, niederkamen, soll Kaiser Franz Joseph, als der Obersthofmeister mit dem dritten Anweisungsantrag bei ihm erschien, gesagt haben: „Ich gebe es ja gern, aber ein starker Anreiz scheint es schon zu sein ...!"

Ein anderes Privileg, dessen sich sowohl männliche als weibliche Hofschauspieler erfreuten, bestand darin, daß sie im sogenannten Theaterwagen zu und von den Vorstellungen und Proben gebracht wurden. Diese Wagen stammten nicht, wie oft fälschlich angenommen, aus den Hofstallungen, sondern wurden von einer Firma im zweiten Bezirk angemietet. Sie waren grün gestrichen und besonders geräumig, damit die Damen ihre Kostümkoffer unterbringen konnten. Im Jahre 1906 machte die Generalintendanz der Hoftheater aus Ersparnisgründen den Versuch, das Privileg der Theaterwagen nur mehr den älteren Hofschauspielern zugute kommen zu lassen. Bei den Damen wären dies Stella Hohenfels und Babette Devrient-Rinhold gewesen; alle übrigen wären leer ausgegangen. Schlenther richtete daraufhin am 24. Dezember 1906 ein Schreiben an die Generalintendanz, in dem es hieß: „Die ergebenst gefertigte Direktion muß sich dagegen auf das allerentschiedenste aussprechen. Langbewährte Hofschauspielerinnen, wie Frau *Wilbrandt, Römpler-Bleibtreu, Medelsky, Lewinsky,* würden sich aufs tiefste gekränkt fühlen, wenn sie zwei ihrer Kolleginnen mit Theaterwagen anfahren sehen und ihnen selbst diese Gunst entzogen würde. Es würde dies zu den allerfatalsten persönlichen und beruflichen Unannehmlichkeiten führen. Diese Damen rechnen mit aller Bestimmtheit und mit einem gewissen Recht darauf, daß, solange die Institution des Theaterwagens überhaupt existierte, sie davon Gebrauch machen dürfen und daß erst bei etwaiger Abschaffung dieser Einrichtung ihnen die Benützung der Theaterwagen entzogen wird. Die ergebenst gefertigte Direktion erlaubt sich, in diesem Sinne sich zum entschiedenen Anwalt dieser Damen zu machen, denn diese würden nicht die tieferen Motive erkennen, sondern nur den äußeren Schein einer Ungerechtigkeit bemerken. Dieser Schein wird noch offenbarer dadurch, daß die Burgtheaterwagen eine überaus volkstümliche Erscheinung auf den Gassen Wiens sind, beinahe ein Wahrzeichen des Straßenverkehrs. Das Publikum würde sehr bald unterscheiden lernen, welche Künstlerinnen abgeholt werden und welche nicht, und auch das Publikum würde die tieferen Motive nicht verstehen."

Das waren nicht die einzigen Sorgen, mit denen sich Schlenther herumzuschlagen hatte. Neue Stücke zeitgenössischer Autoren waren bei Hof, aber auch beim Publikum nicht immer wohlgelitten. Als Schlenther im Jahre 1904 Gerhart Hauptmanns „Rose Bernd" herausbrachte, wetterte Erzherzogin *Marie Valerie* gegen das „Kloakenstück", und als im Februar 1908 Karl Schönherrs „Erde" Premiere hatte, notierte Hugo Thimig über ein Gespräch mit dem Autor, der über schwachen Besuch geklagt hatte: „Ich konnte ihm mitteilen, daß sich gestern bei der für uns symptomatischen vierten Vorstellung die Einnahme bedeutend gesteigert habe und daß nun eine größere Serie Vorstellungen zu erwarten sei. Nur konnte ich ihm nicht verschweigen, daß gestern die Erzherzogin Valerie, unsere gefürchtete Hof-Unke, in der Loge war; allerdings bis zum Schlusse. Immerhin ist dies eine Gefahr für jedes realistische Stück. Ihm wird nach solchem Besuch leicht vom Hofe der Kragen abgedreht..."

Neue Zeit und neue Sitten waren aber nicht aufzuhalten. Schlenther engagierte im Jahre 1900 Gisa *Wilke*, die auf der ehrwürdigen Bühne des Burgtheaters so verführerisch wirkte, daß sie im Kollegenkreis bald einen einschlägigen Spitznamen hatte: „Die k. u. k. Sünde."

Das bedeutendste Engagement der Ära Schlenther war die Verpflichtung von Josef *Kainz*, der bereits 1897 am Burgtheater gastiert hatte und 1899 endgültig an das Haus gebunden wurde, an dem er bis zu seinem Tode im Jahre 1910 verblieb. Kainz, der „Dionysos aus Österreich", wie ihn Alfred *Kerr* einmal nannte, übte eine geradezu unwiderstehliche Anziehungskraft auf das Publikum aus. Er war sich dessen auch bewußt und sagte einmal: „Ich glaube, wenn ich auf der Bühne auftreten und die Zunge herausstrecken würde, möchte mir das Publikum auch applaudieren."

Kainz beeindruckte aber nicht nur das Publikum, sondern auch die Kollegen. Hedwig Bleibtreu pflegte über ihn zu erzählen: „Jedesmal habe ich nach der Vorstellung den weiten Weg nach Döbling zu Fuß gehen müssen. Es war einfach unmöglich, in der Straßenbahn zu sitzen, so aufgeregt hat einen der Mann."

Mit Alexander *Girardi*, der seinen Freund stets den „Jambenfürsten" nannte, verabredete sich Josef Kainz nach einer Vorstellung von „Kabale und Liebe", in der er den Ferdinand spielte, in einem Restaurant in der Nähe des Burgtheaters. Girardi kam aber erst lange nach der Vorstellung, der er beigewohnt hatte, grüßte, gab seine Bestellung auf und verfiel in tiefstes Schweigen, bis es schließlich aus ihm herausbrach: „A deutscher Jüngling willst sein? A Giftmischer bist! Des hätt i mir net von dir denkt! Auf der Straßen bin ich umanandgrennt, weil ich mi net direkt von dir zum Schweinskarree setzen kann!"

Das Repertoire von Josef Kainz reichte vom Hamlet bis zum Valentin in Raimunds „Verschwender". Als er einmal gefragt wurde, warum er nie den Faust gespielt habe, antwortete Kainz: „Den Faust kann nur ein wirklich bedeutender Mensch spielen, und ein wirklich bedeutender Mensch wird nicht Schauspieler."

Im Chor der allgemeinen Bewunderung fielen kritische Stimmen um so mehr auf. Als Kainz im Jahre 1907 den Mephisto spielte, veröffentlichte die „Jugend" ein Abc in Reimen, in dem es hieß:

„O, o, o,
Kainz spielt den Mephisto!
Allein ich sag es unverhohlen,
Den Kainz soll der Lewinsky holen!"

Mit Direktor Schlenther verstand sich Kainz nicht immer gut. Das Spannungsverhältnis brachte er auf die Formel: „Ich bin Weintrinker, er ist Biertrinker."

Über den Obersthofmeister Fürst *Montenuovo*, mit dem er wegen Vertragsangelegenheiten ebenfalls in Streit lag, schrieb er an seinen Kollegen Konrad *Löwe:*

„Es ist, als ob die krummen Gassen in Wien auf die Handlungsweise gewisser Menschen Einfluß hätten. Sie können nicht geradlinig gehen und nie ganz sauber denken."

Josef Kainz starb nach schwerer Krankheit am 20. September 1910 in Wien. Noch auf dem Krankenbett schickte er seinem Kollegen Georg *Reimers* zum 50. Geburtstag die Zeilen:

„Mein lieber fünfzigjähriger Alter,
Sei stets ein redlicher Verwalter
Des höchsten Gutes in der Welt:
Gesundheit! – Was ist Ruhm und Geld?"

Das letzte Direktionsjahr Schlenthers, der Ende Februar 1910 zurücktrat, war außer der Erkrankung von Josef Kainz durch Todesfälle überschattet. Als im Jahre 1909 der Hofschauspieler Alexander *Römpler,* der Gatte Hedwig Bleibtreus, starb und bekannt wurde, daß er sich für sein Begräbnis Kränze aller Art verbeten hatte, hatte Kainz noch gescherzt: „Das gibts bei mir nicht! Ich will Kränze, viele Kränze, sonst freut mich die ganze Leich nicht!"

Am 4. April 1909 war Adolph von Sonnenthal gestorben, der in seinen 53 Jahren am Burgtheater 7 643 mal aufgetreten war. Der greise Mime war zuletzt mit der jungen Burgschauspielerin Hansi *Schopf* liiert, die auch von Karl Kraus umworben wurde, was diesen, als er die Nachricht vom Tode Sonnenthals erhielt, zu dem Wortspiel animierte: „Jetzt müßte man die Schopf bei der Gelegenheit packen!"

Wesentlich seriöser war der gereimte Nachruf, den Karl Kraus dem dahingegangenen Sonnenthal und seinen toten Kollegen widmete:

„Faßt Mut zu Schmerz, daß seine Thräne nicht mehr fließt;
und dieser große Chor der Jugendbühne stumm ist;
Die Glocke, die Charlotte Wolter hieß;
der Hammer, der mit Lewinskys Rede das Gewissen schlug;
und einer Brandung gleich die Stimme des Zyklopen Gabillon;
Zerlinens Flüstern; und Mitterwurzers Wildstroms Gurgellaute;
eine Tanne im Wintersturm jedoch war Baumeisters Ruf;
und schwebend, eine Lerche, stieg des jungen Hartmann Ton,

vermählt dem warmen Entenmutterlaut Helenens;
und Hagel, der durch schwülen Sommer prasselt,
Krastels Sang;
und edlen Herbstes Röcheln Roberts Stimme;
und Sonnenthals: die große Orgel, die das harte
Leben löst.
Und all der Sänger Stimme und Manier,
die noch verstummt, von solchem Geiste war,
daß sie bewahrt sei gegen alles Gleichmaß,
womit die Narren der Szene und der Zeit die lauten
Schellen schlagen."

Paul Schlenther trat zurück, nachdem er im Oktober 1909 die Komödie „Hargudl am Bach oder die Liga der Persönlichkeiten" des jungen Dramatikers Hans *Müller*, der später Hausautor wurde und dessen Bruder Ernst Lothar am Burgtheater oft Regie führte, aufgeführt hatte. Die Premiere des Stückes, das eine Satire gegen die modernen Wiener Autoren war, wurde zu einem Theaterskandal. Der seit langem aufgestaute Unmut gegen den Direktor machte sich in Rufen „Pfui Schlenther! Abzug Schlenther!" Luft. Der solchermaßen Attackierte saß friedlich in seiner Loge, lachte aus vollem Halse und reichte am nächsten Tag seinen Abschied ein. Da sich sein Kollege, der Direktor der Wiener Hofoper, Felix *von Weingartner*, am Tag vor der „Hargudl"-Premiere bei einem Sturz in die Versenkung einen Arm gebrochen hatte, konnte Schlenther seinen Abgang mit den Worten kommentieren: „Vorgestern hat sich Weingartner den Arm gebrochen und ich mir gestern den Kragen."

Nachfolger Schlenthers wurde Alfred *Freiherr von Berger*, artistischer Sekretär des Burgtheaters seit 1887, Verfasser des Epiloges, den Adolph von Sonnenthal am 12. Oktober 1888 beim Abschied vom alten Haus am

Michaelerplatz gesprochen hatte, und Gatte der Burgschauspielerin Stella *Hohenfels*. Im Gefolge der Direktion Schlenthers, der mit Autoren, Kritik und Publikum gleichermaßen im Krieg gelegen war, wurde die Ära Berger geradezu als Erlösung betrachtet. Jedenfalls schrieb Charlotte Wilbrandt-Baudius über die erste Vorstellung unter dem neuen Direktor an ihren Mann. „Die Wiener haben aus der Einführung des neuen Direktors ein Fest gemacht: die überfüllten Logen – eine Augenweide, ein Gedränge von Frauen des Adels und des Bürgertums, an der Spitze Erzherzogin Marie Valerie mit ihrer Tochter – ein symbolischer Ausdruck des Vertrauens in die neue Ära als Überwinderin der Moderne: ‚Jetzt können wir unsere Töchter wieder mitnehmen!'"

Berger, langjähriger Privatdozent für Philosophie an der Wiener Universität, war ein gebildeter Mann und ein brillanter Formulierer, der zeitlos gültige Feststellungen über das Theater im allgemeinen und über das Burgtheater im besonderen traf. So formulierte er: „Einen der Gründe, warum wirklich ausgezeichnete Theaterleute viel seltener zu finden sind, als z. B. hervorragende Ärzte oder eminente Juristen, liegt in dem Umstand, daß man zu diesem Beruf nicht auf regelmäßigem, geradlinigem Weg zu gelangen pflegt. Man wird ein tüchtiger Arzt, wie man ein Schiff besteigt und nach Amerika reist; aber man wird Theaterdirektor, wie Robin Crusoe auf seine Insel kommt."

Und weiters über das Metier des Theaterdirektors: „Ein anderer Grund ist, daß in einem tüchtigen Theaterleiter so mannigfaltige und seltene Eigenschaften vereinigt sein müssen, daß der Mensch, bei dem dies der Fall ist, meistens etwas Besseres zu tun haben wird, als Theaterdirektor zu werden."

Über die spezifische Problematik des Burgtheaterdirektors meditierte Berger kurz vor seinem Tode im Jahre 1912: „Das Burgtheater ist ein unlösbares Problem; weil es ein Kunstinstitut ist, muß es im Zeichen der Freiheit stehen, weil es ein Hofinstitut ist, ist es gebunden. Um es lenken zu können, muß man in erster Linie Diplomat sein. Aber man kann niemals vollwertig als Künstler und vollwertig als Diplomat sein. Das war auch Seine Exzellenz von Goethe nicht. Wäre Goethe ein guter Burgtheaterdirektor gewesen? Ich glaube nicht. Es gibt überhaupt keinen guten Burgtheaterdirektor. Ich war es nicht, und niemals wird es einen geben. Die Quadratur des Kreises, das Perpetuum mobile und der ideale Burgtheaterdirektor, das sind drei unlösbare Probleme."

Zu den Verdiensten Bergers gehörte die Bestellung von Remigius *Geyling* zum Ausstattungschef im Jahre 1911. Geyling hat darüber später erzählt: „Einmal habe ich Siegfrieds Schwert aus Aluminium machen lassen. Es mußte ja glitzern und trotzdem leicht sein. Daraufhin hat meine vorgesetzte Hofstelle ein Rundschreiben an alle deutschsprachigen Bühnen geschickt, mit der Anfrage, ob man je ein so teures Schwert bezahlt hätte. Kurz, ich habe selbst zahlen müssen. Auch alle Aluminium-Helme. Habe sie aber nach Beendigung jeder Aufführung nach Hause mitnehmen dürfen, denn das alles gehörte ja mir."

Wie alle seine Vorgänger hatte auch Berger seine Schwierigkeiten mit der Presse. Als gewandter Weltmann lud er einmal seine Hauptwidersacher, Egon *Friedell* und Alfred *Polgar*, ein, ihn zu besuchen und ihm Vorschläge zu machen. Die beiden erschienen tatsächlich im Burgtheater, und vor der Direktionstür fragte Polgar: „Hast du irgendeinen Vorschlag, Egon?"

Darauf Friedell: „Eigentlich nein! Und du?“ Worauf Polgar sich umdrehte und meinte: „Ich hab auch keinen, also können wir eigentlich wieder gehen!“

Wie von jedem neuen Direktor erwartete man auch von Berger tatkräftige Reformen und energisches Handhaben des sprichwörtlichen eisernen Besens. Sein Kommentar dazu: „Man hat mir zwar einen Besen in die Hand gegeben, aber ich kann nichts damit anfangen – es ist alles angenagelt!“

Ein verläßlicher Kritiker der jeweiligen Zustände am Burgtheater war Karl Kraus. Als im Jahre 1912 bekannt wurde, daß eine junge Schauspielerin Selbstmord begangen hatte, weil sie nicht engagiert worden war, schrieb er in der „Fackel“ unter dem Titel „Ein

sonderbares Selbstmordmotiv“: „Ihr Ideal war nämlich, Schauspielerin zu werden, und zwar strebte sie gleich danach, an das Burgtheater zu kommen. Da ihr Wunsch unerfüllbar erschien, hatte für sie das Leben keinen Reiz mehr. Daß der Wunsch unerfüllbar war, muß ihr ein Laie eingeredet haben. Der Fall ist unglaublich. Wie die Dinge heute liegen, müßte die Meldung lauten: Ihr Ideal war, Schauspielerin zu werden. Da sie aber ans Burgtheater engagiert wurde, hatte das Leben für sie keinen Reiz mehr, und sie beschloß, in den Tod zu gehen."

Gustav Waldau, der bei der Uraufführung von Hofmannsthals Lustspiel „Der Schwierige" in München die Titelrolle verkörperte, gastierte im Jahre 1910 in Wien, konnte sich aber nicht zu einem Engagement entschließen. Waldau trat gemeinsam mit Ernst Hartmann in dem Lustspiel „Der letzte Brief" von Victor Sardou auf und schrieb über die Begegnung mit dem damals sechundsechzigjährigen Schauspieler: „Ich hatte ihn nur flüchtig am Morgen bei der Durchsprechprobe gesehen, da war er etwas mürrisch und sichtlich müde. Am Abend in der Vorstellung aber wirkte er geradezu faszinierend. Derselbe Schauspieler, der am Vormittag schon ein wenig älter und schwächer gewesen war: am Abend war er von ausgelassener, sprühender Jugendlichkeit. Ich machte ihm darüber mein aufrichtiges, begeistertes Kompliment. Er sagte: ‚Tja, was wollen Sie, mein lieber junger Freund? Ich muß schon so sein, denn ich habe diese Rolle ja erst mit fünfundsechzig Jahren bekommen.'"

Ein Jahr darauf war Ernst Hartmann tot. Was sein Hinscheiden für das Burgtheater bedeutete, brachte Alfred von Berger auf die einprägsame Formel: „Ich beklage den Tod Ernst Hartmanns. Er hat ein Drittel des Repertoires mit sich genommen."

Was Berger meinte, drückte das satirische Blatt „Die Wespen" in dem Vierzeiler aus:

„Wehmut schleicht in uns're Herzen,
Da auch diese Stütze barst,
Und mit Trauer sagt's der Kenner:
‚Burgtheater, auch du *warst.*'"

Ein Jahr nach Ernst Hartmann starb Alfred Freiherr von Berger nach einer Direktionszeit von knapp zwei Jahren. Sein Nachfolger wurde Hugo Thimig, der alte

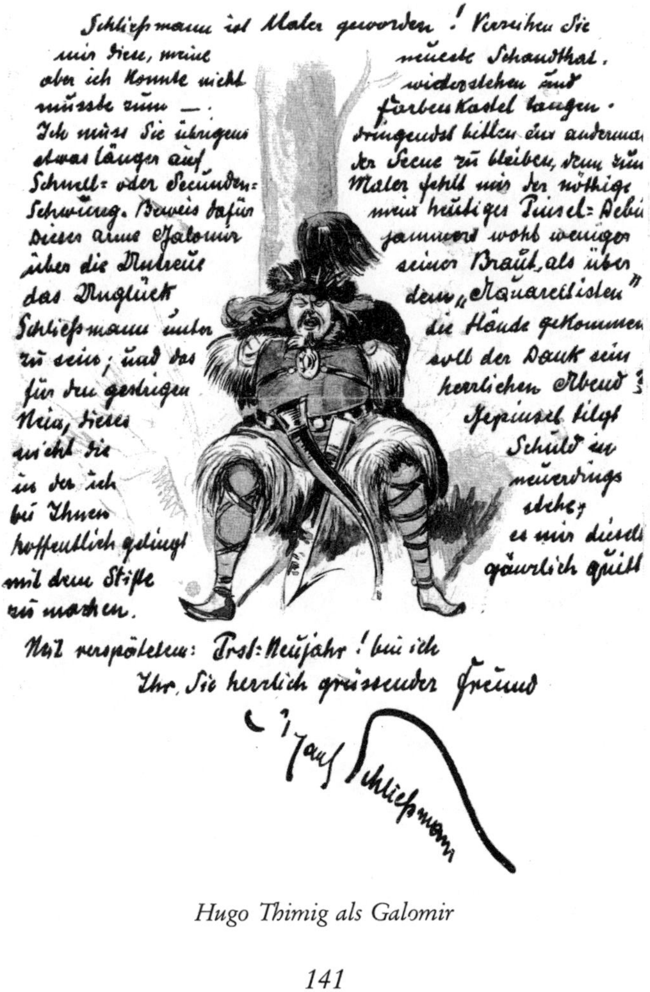

Hugo Thimig als Galomir

Theaterpraktiker mit 38jähriger Burgtheatererfahrung, der das Haus mit viel Witz, Verstand und Geschick durch die kommenden schweren Zeiten führte. Bald nach seiner Bestellung zum Direktor traf Thimig auf der Straße einen gefürchteten Wiener Theaterkritiker und sagte zu ihm: „Nur keine Angst! Ich tue Ihnen nicht den Gefallen, Sie zu beleidigen, damit Sie mich nachher verklagen können. Ich sage nicht, daß Sie der größte Schuft von Wien sind!"

Thimig führte im ersten Jahr seiner Direktion Bernard Shaws „Pygmalion" auf. Die junge Lili *Marberg* spielte die Elizza Doolittle, studierte im Sommer 1913 ihre Rolle und zerbrach sich den Kopf, in welchem Dialekt das Blumenmädchen Eliza vor dem Erlernen der hochdeutschen Aussprache sprechen sollte. Sie wandte sich diesbezüglich an ihren Direktor, der auf seinem Besitz in Wildalpen weilte, und erhielt von Hugo Thimig, der seine Herkunft aus Sachsen nicht verleugnen konnte, eine Postkarte mit folgender Antwort:

„Die sächs'sche Sprache ist die scheenste,
Von der Saale bis zum Ganges,
Sie hat so was italien'sches
Sie ist die Sprache des Gesanges!"

Über die Aufführung von „Pygmalion" berichtet Lili Marberg in ihren Memoiren: „Zur Premiere brachte uns der erste und zweite Akt großen Erfolg, der dritte kam und mit ihm die Einführung des Proletarierkindes in das vornehme englische Haus. Und als der junge Herr Billy sagte: ‚Darf ich mit Ihnen nach Hause gehen, mein Fräulein?' schmetterte ich das ‚Ja, Dreck! Ich nehme einen Taxameter' so drastisch ins Haus, daß zunächst ein leiser Aufschrei aus der Hofloge kam, die Gattin des Thronfolgers fiel auf ihren Sitz zurück. Anschließend ein förmlicher Jubelschrei des Lachens vom Publikum. Beim Aktschluß riskierte ich einen Blick nach oben, aber die Hofloge lachte, lachte, lachte! Meine Friseurin, welche auch die weiland selige Herzogin von Hohenberg frisierte, richtete mir am folgenden Morgen aus: ‚Man hat sich glänzend unterhalten, aber von dieser Seite hat man das ‚Liliweiberl' gar nicht gekannt, es war allerhand, was sie sich da an Kraftausdrücken geleistet hat, steht das alles wirklich im Buch? Ich, als Friseurin, erlaubte mir zu antworten: Es kann schon sein, Kaiserliche Hoheit, die Dichter sind ja meistens nicht aus gutem Haus!'"

Nach dem Ausbruch des Ersten Weltkrieges im Sommer 1914 begann das Burgtheater erst wieder am 18. Oktober zu spielen. Es gab Überlegungen, das Haus überhaupt geschlossen zu halten, doch Hugo Thimig hatte apodiktisch erklärt: „Die Schließung des Burgtheaters käme einer verlorenen Schlacht gleich!"

Tatsächlich wurde gespielt wie bisher, und im Jahre 1915 verpflichtete Hugo Thimig einen neuen Schauspieler an das Burgtheater. Seine Tochter Helene hatte in Berlin den Komiker Reinhold *Häussermann* gesehen und ihrem Vater empfohlen. Häussermann kam zu einem Gastspiel nach Wien und gab auf dem Bahnhof einem Dienstmann seine Koffer mit dem Auftrag: „Bringen Sie mir das Gepäck zum Burgtheater." Der Dienstmann warf einen Blick auf die Namenszettel an den Koffern und sagte dann bestimmt: „Häussermann hamma am Burgtheater kan!"

Häussermann hatte mit seinem Gastspiel Erfolg, erhielt von Thimig das Angebot eines Fünfjahresvertrages und sagte daraufhin zu seinem künftigen Direktor: „Was mache ich, wenn der fünfjährige Vertrag, den Sie mir angeboten haben, nicht ratifiziert wird? Meine Frau erwartet ein Kind, und das ist für mich natürlich eine große Sorge." Darauf antwortete Thimig: „Selbstverständlich kann die Behörde es ablehnen, den Vertrag zu ratifizieren, aber dann bin ich nicht mehr Burgtheaterdirektor!"

Im April 1915 führte Thimig Karl Schönherrs Dreipersonenstück „Der Weibsteufel" auf. Nach der Premiere vermerkte er in seinem Tagebuch, das er auch als Direktor getreulich weiterführte: „Hinter mir im Parkett sitzt ein Ehepaar. Vor Anfang sagt sie zu ihm, den Theaterzettel lesend: ‚Nur drei Personen? Ein bißchen wenig für das viele Geld . . .'"

Das Burgtheater hatte auch im Kriege seine Kritiker. Der junge Schauspieler Fritz *Kortner* wurde bei der Musterung freigestellt, weil der zuständige Arzt erklärt hatte: „Sie gehören ins Burgtheater und nicht ins Massengrab." Dazu Kortners Kommentar in seinen

Memoiren: „Er überschätzte, wie jeder Wiener, das Burgtheater, das aber, selbst bei seinem damaligen Tiefstand, den ich mit Unrecht für nicht unterbietbar hielt, dem Savetod vorzuziehen gewesen wäre."

Das Kriegsgeschehen machte auch vor der Burgtheaterbühne nicht halt. So meldete die „Neue Freie Presse" am 14. Oktober 1915: „Als dieser Tage im Burgtheater ‚Götz von Berlichingen' aufgeführt wurde, kam es zu einem merkwürdigen kleinen Zwischenspiel. Im dritten Akt – die Burg Götzens ist von den Kaiserlichen belagert – erscheint die Frau Götz von Berlichingens auf der Szene mit einem enormen Brotlaib am Arm, von dem sie bedächtig für ihre Familie und den Troß Schnitte auf Schnitte herunterzuschneiden beginnt. In diesem Moment bemächtigte sich des dichtgefüllten Hauses eine eigenartige Aufregung. Ein Raunen und Wispern ging durch das ganze Publikum, und die Störung, die dadurch entstand, teilte sich den Schauspielern mit, von denen einzelne ihr Lachen nicht verbergen konnten, so daß durch einige Augenblicke das Spiel stockte. Schließlich trat Ruhe ein, und das Drama konnte ungestört seinen Fortgang nehmen."

Karl Kraus, der insofern ein echter Wiener war, als er stets die Vergangenheit des Burgtheaters pries und seine Gegenwart schmähte, kommentierte die Meldung in der „Fackel" wie folgt: „Die Kunst mag immer nach Brot gegangen sein; nur dürfte der Unterschied zwischen guten und schlechten Burgtheaterzeiten sich etwa so formulieren lassen, daß zwar heute wie ehedem Massenanstellungen vor einer Götz-Aufführung stattfinden, aber ehedem wegen der Wolter, der Hohenfels, wegen Baumeister, Hartmann und Robert, und heute, weil die Frau Götz Brot verteilt, wobei die Zuschauer aber doch nur zuschauen dürfen."

Im Frühjahr 1917 bat Hugo Thimig um Entbindung von den Pflichten eines Burgtheaterdirektors, die zu erfüllen mit zunehmender Dauer des Krieges immer schwieriger wurde. Sein Nachfolger wurde wieder einmal ein Beamter des Unterrichtsministeriums, Max *von Millenkovich,* der zwar nur ein knappes Jahr im Amt verblieb, aber eine verdienstvolle Tat setzte: Er engagierte Alexander *Girardi.* Als er den großen Volksschauspieler fragte, welche Rollen er am Burgtheater am liebsten spielen möchte, antwortete Girardi mit treuherzigem Augenaufschlag: „Alles – nur keine Mörder!"

Auch über die Gage wurde man sich bald einig. Als Millenkovich meinte, die Höchstgage am Burgtheater sei kaum mehr als die Hälfte der Beträge, die Girardi

sonst überall bekam, erhielt er die Antwort: „Macht nix, Herr Hofrat, goldene Backhendl kann i eh net essen!“

Mit seinen neuen Kollegen kam Girardi recht gut zurecht. Als er zum ersten Mal ins Konservationszimmer kam, stellten sich alle anwesenden Schauspieler dem damals bereits siebzigjährigen Girardi respektvoll vor. Auch Franz *Höbling*, wegen seiner Sprechtechnik von seinen Kollegen der „Silbenfaschierer“ und später von Girardi wegen seines jugendlichen Aussehens der „Riesenfirmling“ genannt, pflanzte sich vor dem neuen Mitglied des Hauses auf und schnarrte: „Franz Höbling, Hofschauspieler.“ Worauf Girardi meinte: „Da wird die Frau Mutter aber a Freud haben!“

Girardi spielte am Burgtheater nur zwei Rollen: Den Fortunatus Wurzel im „Bauer als Millionär", der am 15. Februar 1918 zum ersten Mal im Burgtheater aufgeführt wurde, und den alten Weiring in einer Neueinstudierung von „Liebelei" am 1. März 1918. Rosa Albach-Retty besuchte Girardi während der Hauptprobe von „Liebelei" hinter der Bühne, wo er vom Tod der Christine so erschüttert war, daß er noch nach Schluß der Vorstellung leise vor sich hin weinte. Als er seine Kollegin bemerkte, wischte er sich die Tränen aus den Augen und sagte: „Weißt, Rosi, Burgschauspieler sein ist kein Beruf, sondern ein Zustand!"

Als Girardi ans Burgtheater kam, war er bereits schwer krank und wußte es auch. Als ihm jemand zu der ehrenvollen Berufung gratulierte, sagte der Künstler, der am 20. April 1918 verstarb: „Na ja, es is halt a noble Aufbahrung!"

Karl Kraus, ein lebhafter Bewunderer Girardis, aber wie stets ein heftiger Kritiker der jeweiligen Zustände am Burgtheater, geißelte das Engagement des großen Mimen mit den Worten: „Ihrer Schmach unbewußt, treibt diese Zeitgenossenschaft auch Firlefanz mit den Reliquien, stellt sie in einem Etablissement aus, das von außen Marmor ist und innen ohne Geist, und geriet also auf den kindischen Einfall, einem Girardi das Burgtheater zu eröffnen, anstatt es ihm zu Ehren zuzusperren."

Unter dem Titel „Girardi im Burgtheater" reimte Kraus noch dazu:

„Hat man deiner Kunst den Palast erschlossen,
O fliehe den Fluch der unseligen Erben!
Es glückt ihnen, deine Natur zu verderben,
Spiel ihnen, ebendort, einen Possen!"

Nach dem Engagement Girardis erwartete man, daß auch seine populäre Kollegin, die Volksschauspielerin Hansi *Niese,* an das Burgtheater berufen werden würde. Ihr Engagement blieb aber aus, was sie mit den Worten zu kommentieren pflegte: „Mir ist es lieber, die Leute fragen: ‚Warum ist denn die Niese nicht am Burgtheater?', als sie fragen: ‚Warum ist denn die Niese am Burgtheater?'"

Max von Millenkovich trat im Sommer 1918 zurück, weil er die junge Annie *Rosar* nicht nur engagiert hatte, sondern auch mit ihr liiert war. Die Zeiten waren schwer, der Krieg näherte sich seinem Ende, und so entschloß man sich zu einem ungewöhnlichen Provisorium, das entgegen österreichischer Tradition allerdings nicht lange, sondern nur zwei Monate, dauerte: Die Leitung des Burgtheaters übernahm mit Wirkung vom 1. September ein Triumvirat, das aus dem Schriftsteller Hermann *Bahr,* dem Schauspieler Max *Devrient*

und dem Hauptmann aus dem Kriegspressequartier Robert *Michel* bestand. Immerhin kam es unter diesem Triumvirat zum Engagement von Hans Thimig, für den, weil er noch nicht volljährig war, sein Vater Hugo den Vertrag unterzeichnen mußte. Zum Engagement des jungen Thimig war es folgendermaßen gekommen. Max Reinhardt, Hermann Bahr und der Bühnenbildner Alfred Roller saßen im Sommer 1918 in Salzburg beisammen. Bahr entwickelte seine Pläne für das Burgtheater und sagte zu Reinhardt: „Wissen Sie, wer der

erste sein wird, den ich Ihnen wegengagiere? Der Hermann Thimig!“ Reinhardt erwiderte: „Den schlagen Sie sich aus dem Kopf. Den kriegen Sie nie!“ Darauf Roller: „Wozu der Streit? Es gibt ja noch einen Thimig, der Talent hat, den Hans!“ Worauf Bahr rief: „Her damit! Ich engagiere ihn blind. Thimigs kann man blind engagieren!“

Der Vertrag Hans Thimigs trug das Datum: 24. Oktober 1918. Bald nach seinem ersten Auftreten lief er einmal nach der Vorstellung, aus seiner Garderobe kommend, mit dem Hut auf dem Kopf über die bereits verdunkelte Hinterbühne. Da trat aus dem Schatten einer Kulisse Max Devrient auf ihn zu und sagte: „Auch wenn niemand in der Nähe ist, wenn niemand zusieht, wenn man ganz allein die Bühne überquert, sei es bei Tag oder bei Nacht, nie darf man auf den Brettern, die eine geheiligte Welt bedeuten, den Hut auf dem Kopf tragen! Ob Jüngling oder Greis: Ehrfürchtig hat man der Bühne durch Abnehmen des Hutes Respekt zu bezeugen!"

Auch Alma Seidler kam im Jahre 1918 ans Burgtheater, dem sie bis zu ihrem Tode im Jahre 1977 verbunden blieb. Ihr Vater war langjähriger Eisenbahnminister

und von Juni 1917 bis Juli 1918 Ministerpräsident unter Kaiser Karl, der nach dem Tode Franz Josephs im Jahre 1916 den Thron bestiegen hatte. Der junge Kaiser, wegen seiner Spontaneität auch „Karl der Plötzliche" genannt, telephonierte, was bei Franz Joseph undenkbar gewesen wäre, gern und viel und hatte sogar eine direkte Verbindung in die Wohnung seines Ministerpräsidenten, den er oft zu nächtlicher Stunde anzurufen pflegte. Einmal war Seidler aber mit seiner Tochter zu einer Premiere ins Burgtheater gegangen, worauf der Kaiser, nachdem er ihn zu Hause vergeblich gesucht hatte, im Burgtheater anrief. Dort wurde er, da wegen der Premiere niemand in der Direktion war, mit dem Bühnenportier verbunden und sagte, er möchte den Ministerpräsidenten sprechen. Der Portier fragte verdutzt: „Ja, wer spricht denn da überhaupt?" Darauf der Kaiser: „Hier spricht Karl!" Unbeeindruckt fuhr der Portier fort: „Was für ein Karl? Ich kann doch die Exzellenz nicht aus der Loge herausholen, weil ein Karl am Telefon ist.“ Nun erfolgte die Belehrung: „Ich bin der Kaiser Karl!“ Worauf der entrüstete Portier das Gespräch durch Auflegen des Hörers beendete, nicht ohne vorher erklärt zu haben: „Also, des kennt a jeder sagen!“

Leopold *von Andrian,* aus alter österreichischer Familie stammend, Schriftsteller, Diplomat und letzter Generalintendant der Hoftheater, sorgte rechtzeitig dafür, daß das Burgtheater nicht im Zeichen eines Provisoriums den unsicheren neuen Zeiten entgegenging, und bestellte am 1. November 1918 das langjährige Mitglied des Hauses, Albert *Heine,* zum Direktor. Als Heine mit dieser Nachricht nach Hause kam, fragte seine Frau lediglich: „Wem hast du das zu verdanken oder anzukreiden . . .?“

VIERTES KAPITEL

Auf diese Bühne kommt mir nur ein properer Schuh

ODER
DAS REPUBLIKANISCHE
HOFTHEATER

1918 – 1938

Die neue Zeit brachte neue Gesetze. Ein Freund kam zu Egon Friedell und sagte ihm: „Egon, hast du gehört, der Adel wird abgeschafft!" Ungerührt erwiderte Friedell: „Unsinn: Solange der Hofburgschauspieler Max Devrient durch die Straßen Wiens schreitet, ist der Adel nicht abgeschafft!"

Die Gewalten der neuen Zeit machten aber auch vor dem Haus am Ring, das seit dem 3. Dezember 1918 nur mehr schlicht „Burgtheater" hieß, nicht halt. Am 17. April 1919, während einer Vorstellung des „Schöpfers" von Hans Müller, erhielt Albert Heine einen Anruf vom Präsidialbüro des Auswärtigen Amtes, daß im Parlamentsgebäude nach kommunistischen Unruhen ein Brand ausgebrochen sei und daß man empfehle, das Burgtheater zu räumen. Heine ordnete daraufhin an, den Zwischenvorhang herunterzulassen, trat an die Rampe und sagte: „Die Vorstellung muß aus zwingenden Gründen, die ich im Augenblick zu nennen nicht befugt bin, die Sie aber sehr bald erfahren werden, abgebrochen werden. Ich bitte Sie, möglichst rasch, aber ohne jede Hast das Haus zu räumen, sich draußen Ihrer abgelegten Garderobenstücke zu versichern und das Theatergebäude zu verlassen. Ich bleibe hier oben, zum Zeichen, daß unmittelbare Gefahr keineswegs besteht, bis Sie meine dringende und notwendige Bitte freundlichst erfüllt haben, und gehe dann in den Mittelgang des Hauses, um dort zu warten, bis der letzte Besucher verschwunden ist." Alles geschah, wie Heine sagte, doch als er schließlich den Mittelgang erreichte, wurde er von einer Dame mit den Worten zur Rede gestellt: „Verehrter Herr Direktor, das ist doch eine eigentümliche Art, uns aus dem Haus zu weisen. Wir haben meines Erachtens das Recht, wenigstens nach den zwingenden Gründen dieser ungewöhnlichen Maßnahme zu fragen." Mit verbindlichem Lächeln antwortete Heine: „Jetzt und hier haben Sie gewiß dieses Recht, gnädige Frau. Das Parlament brennt!" Wie zu erwarten war, zeterte die Besucherin daraufhin: „Um Himmels willen, das ist ja schrecklich!" – „Sehen Sie, Verehrteste", sagte Heine, „wenn ich an der Rampe damit herausgerückt wäre, hätten Sie sich genauso benommen wie jetzt, und wir hätten die schönste Panik gehabt!"

Nach dem Vorfall vom 17. April wurde das Burgtheater einige Tage lang von einer Volkswehreinheit in der Stärke von 32 Mann bewacht, die auf dem Balkon vor der Direktionskanzlei drei Maschinengewehre in Stellung brachten und sich im Vorzimmer des Direktors niederließen, wo sie das von ihm gespendete Freibier konsumierten. Heine mußte deshalb am 28. April folgendes Schreiben an die Verwaltung des Hofärars richten: „Die gefertigte Direktion ersucht ergebenst um die Flüssigmachung von 280 Kronen für Freibier, welche Summe sonst bei der Begleichung der Monatsrechnung des Brauhauses einen Fehlbetrag ergeben würde."

Heine, ein gebürtiger Braunschweiger, Hofschauspieler und Ehrenmitglied des Burgtheaters, war ein erfahrener Praktiker, der jede Situation zu meistern vermochte. Ein nicht sehr bedeutender Schauspieler des Hauses, der als Abendregisseur eingeteilt war, ermahnte einen weitaus berühmteren Kollegen, der erst im letzten Augenblick zur Vorstellung erschien, mit dem Hinweis zur Pünktlichkeit, daß er immerhin die Ehre habe, am Burgtheater engagiert zu sein. Der Kollege stellte daraufhin die rhetorische Frage: „Waßt wos?" und knüpfte daran die Feststellung, daß er mit dem Burgtheater etwas sehr Unappetitliches machen werde. Der Abendregisseur lief daraufhin zu Heine und erstattete, mühsam nach Worten ringend, Bericht: „Herr Direktor! Der Herr Kollege hat mir gesagt, er schösse ... schisse ... ich meine, scheiße ... auf das Burgtheater! Herr Direktor, ich frage Sie: Was hat zu geschehen?" Worauf Heine ungerührt erwiderte: „Nun, zunächst einmal wird er die nicht unerheblichen Reinigungskosten zu bezahlen haben ...!"

Heine wurde gefragt, warum das Burgtheater, das von Hans Müller bereits das Hohenzollernstück „Könige" und das Forscherdrama „Der Schöpfer" gebracht hatte, nicht auch dessen Stück „Die Flamme" aufführe. Heine antwortete: „Also, wissen Se, das ist so. Ich war eigentlich schon bei den ‚Königen' bißchen mißtrauisch, aber ich dachte mir schließlich: Wat weeßte von Königen, es wird schon stimmen. Na, und dann kam der ‚Schöpfer', und da dachte ich mir wiederum: Du bist ooch keen Bakterienforscher, vielleicht sind die Brüder so! Aber bei der ‚Flamme', sehn Se, da bin ich nich' reingefallen, denn det is'n Hurenstück, und det Milieu kenn ick!"

Albert Heine als Dr. Assalagny

Der Schriftsteller Ludwig *Fulda* lebte mit der Direktion des Burgtheaters im Streit und drohte, er werde seine Stücke an diesem Hause nicht mehr aufführen lassen und seine Kollegen ermuntern, diesem Beispiel zu folgen. Albert Heine schrieb ihm daraufhin: „Durch meine Mitarbeiter Goethe, Lessing, Schiller, Hebbel, Kleist, Grillparzer und andere bin ich auf Jahre hinaus mit erfolgverheißender und gewinnbringender Arbeit bestens versorgt, und der Gedanke, bei der Abgeltung der Verpflichtung diesen Großen und Größten gegenüber durch fragwürdige Gebilde der Kleinen und Kleinsten in Zukunft nicht gestört zu sein, hat für mich etwas ungemein Verführerisches!"

Heine urteilte freilich auch über Klassiker bisweilen drastisch. So sagte er einmal: „Wenn Shakespeare so gute letzte Akte hätte schreibe können wie erste, wäre er eine tolle Nummer geworden!"

Auch Regie führte der Direktor. Mit einer seiner Schillerinszenierungen war Heine bei einer Auffrischungsprobe so unzufrieden, daß er laut fluchte: „Die Deutschen soll alle der Teufel holen." Nachdem ihm dieses Wort entfahren war, sah Heine den aus Sachsen stammenden Hugo Thimig im Zuschauerraum sitzen und sagte mit verbindlichem Lächeln: „Sie, Herr Hofrat, sind natürlich längst Wiener geworden!"

Heine als Regisseur war bei den Schauspielern gefürchtet. Dem jungen Emmerich *Reimers,* der im Jahre 1918 ans Burgtheater gekommen war, wo er bis zum Jahre 1970 verblieb, rief Heine während einer Probe zu: „Emmerich! Du bist großartig!" Und dann zu einem neben ihm sitzenden Schauspieler: „Der Junge hätte beim Militär bleiben sollen."

Ähnliches bekam Auguste *Pünkösdy* zu hören, die Heine 1921 engagierte. „Herrlich, Gustl! Herrlich!" rief er ihr auf einer Probe zu, um sodann beiseite zu sagen: „Und mit so was soll man Theater spielen!"

Philipp *Zeska,* den Heine 1920 engagiert hatte, erschien beim Direktor und beklagte sich: „Sie haben mir doch die Rolle des Hellriegels in ‚Pippa tanzt' versprochen, und jetzt hat sie der Hans Thimig bekommen!" Nachdenklich erwiderte Heine: „So, der Thimig. Nun, dann habe ich sie eben dem Thimig früher versprochen!"

Zu einem Episodisten des Hauses sagte Heine: „Du kriegst von mir einmal eine große Rolle, mein Sohn!" Enttäuscht erwiderte der Kleindarsteller: „Ach, Herr Direktor, das haben Sie mir doch schon vor drei Jahren versprochen!" Darauf Heine mit strahlendem Lächeln: „Ja, mein Junge, ich vergesse keinen!"

Für die junge Republik war die Weiterführung der Hoftheater eine schwere Last. Egon Friedell nahm die wirtschaftlichen Schwierigkeiten, in denen sich das Burgtheater befand, im Jahre 1920 zum Anlaß eines längeren Essays, der mit den Worten schloß: „Ich für meinen Teil bin daher nicht empfindsam genug, um der Möglichkeit, daß das Burgtheater eines Tages von einer amerikanischen Filmgesellschaft gekauft werden könnte, mit ziemlicher Ruhe ins Auge zu blicken, denn es stellt im Grunde nichts anderes dar als eines der leuchtendsten Denkmäler des spezifisch österreichischen Schwachsinns."

Das bedeutendste Engagement der Ära Heine war wohl die Verpflichtung Raoul *Aslans* im Jahre 1920. Der junge Künstler, dessen schauspielerische Laufbahn über Graz und Hamburg geführt hatte, war in Wien kein Unbekannter. Bereits im November 1907 hatte er in der damaligen Reichshaupt- und Residenzstadt einen Leseabend gegeben, nach dem Alfred Polgar im „Neuen Wiener Journal" geschrieben hatte: „Herr Aslan ist ein hübscher junger Mann mit einem edlen Profil. Seine Stimme ist nicht groß, nicht durch musikalischen Zauber zwingend, aber von weichem,

schmiegsamen Stoff, der sich zärtlich enge um den Inhalt der Worte legt. Kraft ist, sozusagen, seine Schwäche. Männliches, über die Erde groß hinschreitendes Pathos nicht seine Sache; mehr das unschwere Pathos des Aufschwunges oder das der weichen Versenkung in Melancholie und Träumerei. Sein Vortrag ist reich an lyrischen Akzenten, und er macht von diesem Reichtum splendidesten Gebrauch. Aus dem ‚Heideröschen' macht er ein ganzes Maeterlinck-Drama, mit bläulichem Licht und mystischen Fernklängen. Er koloriert den Vers, Wort für Wort, fast Silbe für Silbe. Am besten gelingt ihm das musikalische der Innigkeit, des tiefen Fühlens. Da schmilzt oft in der Wärme seines Vortrages der Sinn des Wortes ganz in Klang um. So sagt er z. B. ‚Wonne', und ein kleiner Wonneschauer läuft kräuselnd durch die fünf Buchstaben. Oder ‚Liebe', und das Wort zittert vor Hingebung und Begehren . . ."

Aslan war auch im Alltag ein edler Sprecher. Bald nach seiner Ankunft in Wien fuhr er einmal mit dem Taxi und sagte zum Chauffeur: „Ich möchte in die Weyringergasse." Der Lenker antwortete: „Wo ist denn die Maringergasse?" Darauf Aslan: „Nicht Maringergasse! Weyringergasse!" Neuerlich sagte der Taxilenker: „Ist scho recht, Maringergasse! Aber, wo is die?" Aslan mit erhobener Stimme: „Weyringergasse! Mit W wie Wollust!"

Wie überall, wo er im Engagement stand, wurde Raoul Aslan auch in Wien bald zu einem Liebling des Publikums im allgemeinen und der Damen im besonderen. Als eine sehr vornehme karitative Vereinigung eine Wohltätigkeitsveranstaltung plante, sollte Raoul Aslan Balladen und Gedichte lesen. Die Damen vom Veranstaltungskomitee stellten eine Bedingung: Der Künstler müsse unbedingt eine Probe halten. Aslan weigerte sich zunächst hartnäckig, gab aber dann nach. Zur angesetzten Stunde erschien er vor dem versammelten Veranstaltungskomittee im vorgesehenen Saale und sagte: „Meine Damen, wir nehmen jetzt die Probe vor. Ich betrete den Saal. Das Publikum begrüßt mich begeistert. Ich nehme am Vortragstisch Platz. Ich beginne zu lesen. Nach der ersten Ballade erhebt sich stürmischer Beifall. Ich erhebe die Hand und gebiete Schweigen. Ich lese weiter, bis das Programm beendet ist. Das Publikum jubelt. Ich erhebe mich und mache eine Verbeugung. Das Publikum jubelt weiter. Ich gebe eine Zugabe. Das Publikum dankt begeistert. Ich gebe noch eine Zugabe. Das Publikum jubelt verstärkt. Ich verbeuge mich ein letztesmal und verlasse den Raum. Meine Damen, ich danke Ihnen, die Probe ist beendet!"

Von der Öffentlichkeit kaum beachtet wurde ein anderes, für das Burgtheater ebenfalls sehr wichtiges Engagement. Erhard *Buschbeck* war als Sekretär Hermann Bahrs während des kurzlebigen Triumvirates im Herbst 1918 ins Haus gekommen und als Dramaturg in der Direktion Albert Heines geblieben. Zweiundvierzig Jahre lang, bis zu seinem Tode im Jahre 1960, blieb er in wechselnden Funktionen, darunter auch als stellver-

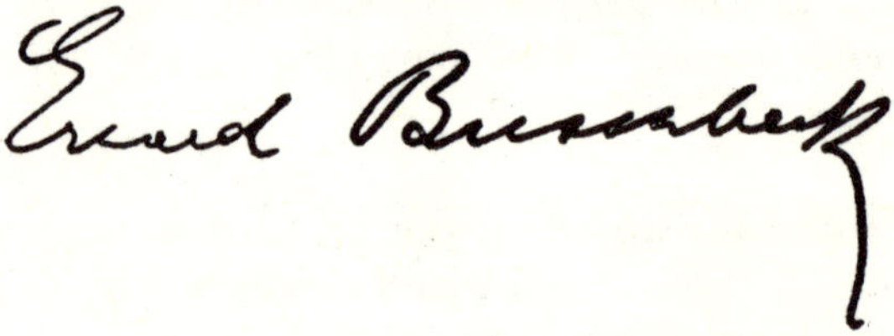

tretender und provisorischer Direktor am Hause und erwarb sich in dieser Zeit einen legendären Ruf als „guter Geist" des Burgtheaters. Sein diplomatisches Geschick stellte Buschbeck schon in jungen Jahren unter Beweis. Die Zensur war zwar mit dem Untergang der Monarchie abgeschafft worden, aber als das Burgtheater überlegte, ob es das antiklerikale Stück „Das Gelübde" von Heinrich *Lautensack* aufführen sollte, schickte Buschbeck das Buch vorsichtshalber an Prälat Ignaz *Seipel*, den Obmann der Christlichsozialen Partei und späteren Bundeskanzler, und erhielt von ihm am 23. März 1920 eine Antwort, in der es hieß: „Sehr verehrter Herr Dramaturg! ‚Das Gelübde' von Heinrich Lautensack habe ich selbst gelesen. Meines Erachtens würde dessen Aufführung im Burgtheater schwere politische Weiterungen und unerquickliche Erörterungen in der Presse herbeiführen. Das Werk ist in der Sphäre des krassen antikatholischen Tendenzstückes steckengeblieben. Alles in allem kann ich daher nur raten, von der Annahme dieses Stückes abzusehen. Es wäre schade, wenn das Burgtheater in Kontroversen hineingezogen würde, die nicht einmal ein besseres Kino ohne Schaden vertrüge. Ich habe dieses Urteil natürlich ausschließlich als Privatmann und über Ihr ausdrückliches Ersuchen abgegeben. Sollten Sie eine Berufung darauf irgendwie zu Ihrer Deckung brauchen, so gebe ich Ihnen alle Vollmacht dazu."

Großes diplomatisches Geschick legte Buschbeck auch im Umgang mit den Schauspielern des Hauses an den Tag, vor allem wenn es darum ging sicherzustellen, daß der Vorhang hochgehen konnte. Als im Jahre 1920 die Darstellerin der Jugend im „Bauer als Millionär" plötzlich erkrankte, fragte Buschbeck Alma *Seidler,* ob sie nicht die Rolle übernehmen könne, worauf er die Antwort erhielt: „Aber Herr Buschbeck, ich spiel doch schon das Lottchen." Buschbeck machte einen langen Zug aus seiner Virginia, die ihn nie verließ, und meinte: „Ja, ja, aber die beiden kommen ja nie gleichzeitig vor!"

Das Burgtheater wurde zwar nicht, wie Egon Friedell es in seiner Glosse in Erwägung gestellt hatte, an eine amerikanische Filmgesellschaft verkauft, doch faßte Albert Heine, um den wirtschaftlichen Schwierigkeiten zu begegnen und die Einnahmen zu erhöhen, eine andere sensationelle Möglichkeit ins Auge: Ein Gastspiel des Deutschen Schauspielhauses in Berlin unter der Führung Max Reinhardts. Als dieser Plan bekannt wurde, erhob sich im Ensemble des Burgtheaters ein Sturm der Entrüstung, in dessen Gefolge Heine als Direktor zurücktrat, dem Hause aber als Schauspieler und Regisseur erhalten blieb. Neuer

Direktor wurde der Dichter Anton *Wildgans,* der bei seinem Amtsantritt erklärte: „Ich trage das Amt des Burgtheaterdirektors nur wie eine Kleidung, wie eine Maske, von der man weiß, daß man sie bald wieder ablegen wird."

Das waren seherische Worte, denn die erste Direktion Wildgans dauerte nur siebzehn Monate. In einem Brief an Sektionschef Dr. Vetter, den Chef der Staatstheaterverwaltung, nannte Wildgans, der so wie das Ensemble ein entschiedener Gegner des Gastspielprojekts war, Max Reinhardt einen „gerissenen Auslagenarrangeur aus Preßburg". Das war ein hartes Urteil über einen Mann, der seinerseits in Worten des höchsten Lobes über das Burgtheater urteilte und einmal geschrieben hatte: „Ich bin auf der vierten Galerie des Burgtheaters geboren. Dort erblickte ich zum ersten Mal das Licht der Bühne, dort wurde ich genährt (für 40 Kreuzer altösterreichischer Währung pro Abend) mit den reichsten Kunstmitteln des Kaiserlich-Königlichen Instituts, und dort sangen an meiner Wiege die berühmten Schauspieler jener Zeit ihre klassischen Sprecharien. Das Burgtheater war voll von Stimmen, die wie alte kostbare Instrumente ein unvergleichlich abgetöntes Orchester bildeten."

Dabei war Reinhardt keineswegs blind und taub gegenüber den Schwächen des alten Burgtheaters und schrieb dementsprechend: „Was mußte, besonders später, so ein Burgtheaterzuschauer alles überwinden! Die Schauspieler waren schließlich so alt, daß sie sich den Text nicht mehr merken konnten. So spielten sich nicht nur alle entscheidenden Szenen neben dem Souffleurkasten ab, sondern man hörte meist alle Sätze doppelt. Zuerst vom Souffleur und dann vom Schauspieler ... Trotzdem war es wunderbar."

Im Gegensatz zum Routinier Reinhardt verstand der Dichter Wildgans von der Praxis des Theaterbetriebes fast gar nichts. So erzählt Hans Thimig in seinen Erinnerungen, man habe Wildgans einmal gemeldet: „Herr Direktor, etwas Furchtbares ist geschehen! Heute abend ist ‚Fiesko', aber der Herr Tressler ist krank geworden. Jetzt haben wir abgesagt. Aber was sollen wir statt dem ‚Fiesko' spielen?" Auf diese Nachricht reagierte Wildgans folgendermaßen: „Oje, oje, furchtbar ist das, ganz furchtbar! Was spielen wir denn? . . . Wie spät ist es übrigens? – Schon halb zwei? Also, Mahlzeit, meine Herren, ich gehe jetzt essen."

Wildgans setzte sich nicht nur über die Gegebenheiten des Theaterbetriebes, sondern auch über ökonomische Notwendigkeiten hinweg. Wenn er, was er gerne tat, ein zeitgenössisches literarisches Stück auf den Spielplan setzte, pflegte er zu sagen: „Damit hoffe ich die Kasse wieder kräftig zu schädigen."

Die Dichter ihrerseits zollten Lob und Dank. Gerhart *Hauptmann* kam im November 1921 zur Premiere seines Stückes „Und Pippa tanzt" nach Wien und verkündete: „Das Burgtheater ist der Monsalvatsch, wo man den Gral dramatischer Kunst aufbewahrt, der Burgschauspieler Gralshüter, durch die höchste Weihe der Kunst geadelt!"

Auch am Monsalvatsch mußte von Geld geredet werden. Wildgans verhandelte mit Raoul Aslan über eine Neufestsetzung seiner Gage, doch winkte der Mime gelangweilt ab: „In Geldfragen, Herr Direktor, bin ich ein Kind." Wildgans erwiderte: „Gewiß, aber ein armenisches Kind . . .!"

Aslans finanzielle Situation war stets für Überraschungen gut. So erklärte er eines Tages im Kollegenkreis: „Ich kann auf alles Weltliche verzichten. Nur zweierlei wünsche ich mir vom Schicksal: Ich möchte ein Bettler sein – und ein Auto haben." Letzterer Wunsch ging bald in Erfüllung. Aslan kaufte sich ein Auto, fuhr kurze Zeit damit, und dann war es verschwunden. „Was ist mit deinem Wagen geschehen?" fragten die Kollegen. Aslan erwiderte: „Die Firma hat ihn mir wieder weggenommen, weil ich die zehnte Rate schuldig geblieben bin. Wie kleinlich – die erste habe ich ja auch noch nicht bezahlt!"

Am nächsten Tag erschien Aslan mit seinem Chauffeur zur Seite zu Fuß im Burgtheater. Die Kollegen schauten erstaunt, bis sie Aslan belehrte: „Der Chauffeur ist bis Ende des Monats bezahlt, der Chauffeur bleibt bis Ende des Monats bei mir!"

Trotz seiner angespannten finanziellen Lage benützte Aslan gerne das Taxi. Als man ihn darauf hinwies, daß es doch viel billiger sei, mit der Straßenbahn zu fahren, meinte er: „Aber dem Straßenbahnschaffner kann ich nicht sagen: Holen Sie sich den Fuhrlohn in der Direktion!"

Die Spötter blieben dem Burgtheater auch in der Republik treu. Als Egon Friedell und Alfred Polgar im Jänner 1921 mit einem „Bösen Buben Journal", das eine Parodie auf das „Neue Wiener Journal" war, ihre Reihe von Zeitungssatiren eröffneten, machten sie sich über die Berufung von Anton Wildgans zum Burgtheaterdirektor mit folgender fiktiver Tagebucheintragung von Hermann Bahr lustig: „10. Jänner: Wildgans, Burgtheaterdirektor; nun will es also doch Frühling werden in unserem armen, schwergeprüften Landel, Stifter-Träume werden wahr, und Herr Walther guckt uns mit seiner Fiedel zum Fenster herein. Denn das ist die Erfüllung, die das Burgtheater seit seiner Begründung sucht, in Schreyvogel einen Augenblick lang schon gefunden zu haben schien, dann wieder sich völlig entgleiten ließ und nun endlich in festen Händen hält: die Linie des reinen Österreichers, der zum

Egon Friedell

erstenmal in dem Kelten Vercingetorix (dessen prachtvolle Schilderung bei Tacitus man in der soeben bei Georg Müller erschienenen neuen Ausgabe dieses römischen Spengler nachlesen möge) in die Geschichte tritt und dann sich sachte über Kaiser Max (uns neuerlich nahegerückt durch die vortreffliche Monographie Waldemar Susmanns ‚Der letzte Ritter', Egeria-Verlag, Ges. m. b. H., Basel 1920) zu Stelzhammer hinbewegt: die, um es in einem Wort zu sagen, josefinische Barocke! Mögen wir begnadeten Zeugen dieser erseligenden Stunde uns würdig erweisen!"

Als im Februar 1922 als Parodie auf die „Neue Freie Presse" die „Böse Buben Presse" erschien, wurden Wildgans und das Burgtheater neuerlich mit Spott bedacht. Diesmal hieß es in einer fiktiven Meldung aus dem Haus am Ring: „In der Aufführung von Strindbergs ‚Fräulein Julie' geschah es zum erstenmal, daß im Burgtheater das Wort ‚Hure' laut ausgesprochen wurde. Anläßlich dieses Ereignisses fand gestern vormittags auf der Bühne eine kleine, intime Feier statt. Herr George (der das Wort als erster hatte sagen dürfen) leitete die Feier durch den Vortrag schwungvoller Verse ein, die Direktor Wildgans für die Festlichkeit beigesteuert hatte. Sie klangen in die Worte aus:

‚O Herr! Sieh unser Händefalten,
Was wir errungen, laß es uns behalten!'

Sodann wiesen mehrere Redner in markigen Worten auf die Bedeutung des Ereignisses hin und gaben der Hoffnung Ausdruck, daß das Burgtheater es mit der einen lang entbehrten Vokabel nicht sein Bewenden sein lassen werde. Nachdem noch die Prostituierte Anna Broschek in schlichten Sätzen den Dank der Berufsgenossinnen dafür ausgesprochen hatte, daß nun endlich der jahrhundertealte Burgtheaterbann von ihnen genommen sei, intonierte der Bläserchor des

Orchesters die ,Wirtin an der Lahn'. Vom Verfasser der ,Flamme', Hans Müller, war ein Glückwunschtelegramm eingelaufen. Hermann Bahr telegraphierte aus Salzburg: ,Benedico vos liberos!'"

Ein bedeutsames Ereignis der Ära Wildgans war die am 1. Jänner 1922 erfolgte Einführung der Ehrenmitgliedschaft des Hauses. Die ersten Ehrenmitglieder des Burgtheaters wurden Max Devrient, Hugo Thimig, Georg Reimers und Auguste Wildbrandt-Baudius. Richtlinien über die Verleihung wurden erst drei Jahre später, nämlich im Mai 1925, erlassen, wobei es in Punkt 4 angesichts der Zeitverhältnisse bezeichnenderweise hieß: „Beschränkung der Führung des Titels eines Ehrenmitgliedes durch das Verbot des Gebrauchs dieses Titels beim Auftreten außerhalb des Institus bei solchen Veranstaltungen, mit denen die Würde des Titels nicht vereinbar ist, wie z. B. bei Mitwirkung in Operetten, Varietés, Cabarets, Kaffeehäusern etc."

Im Februar 1922 reichte Anton Wildgans, zermürbt von den Anforderungen des Theaterbetriebes, sein Demissionsansuchen ein, worauf die „Neue Freie Presse" schrieb: „In Österreich, man kann es ohne Übertreibung sagen, ist es leichter, einen Präsidenten der Republik zu finden als einen Direktor des Burgtheaters, wie wir ihn wünschen und brauchen ..."

Egon Friedell dagegen spottete über den Abgang von Wildgans und erzählte im Kaffeehaus: „Mit mir sollte sich kein Theater einlassen. Als ich Direktor der

,Fledermaus' wurde, ging sie pleite. Im ,Ronacher' spielte man ein Stück von mir, während der Aufführung starb Franz Joseph. Im Burgtheater ..." Da unterbrach ihn ein Zuhörer: „Da stimmt es nicht ... Die haben Ihr Stück angenommen, und doch ist kein Unglück geschehen." Ungerührt fuhr Friedell fort: „Wieso nicht? Wildgans ist doch Direktor geworden!"

Wildgans, der mit Wirkung vom 31. Juli 1922 sein Amt niederlegte, litt schwer unter dem Abgang vom Burgtheater. Noch ein Jahr danach, im April 1923, schrieb der damals Zweiundvierzigjährige aus Mönichkirchen an seine Frau:

„Mein Herz ist tot. Ich weiß nicht, wann
Und wie und wo es mir gestorben.
Das einzige, was ich fühlen kann:
Ich bin vertan und bin verdorben."

Nachfolger von Anton Wildgans wurde der Burgschauspieler Max *Paulsen*, worauf Hermann Bahr jubelnd in sein Tagebuch schrieb: „Wie kann denn das sein? Das wäre doch etwas ganz Neues, daß in Österreich einmal das Richtige geschieht?"

Der Jubel war verfrüht, denn Paulsen blieb noch kürzer im Amt als sein Vorgänger, nämlich nur ein Jahr. In dieser kurzen Direktionszeit ging ein Wunsch der Burgschauspieler in Erfüllung, den ihnen die große Monarchie einstens verwehrt hatte und den ihnen nun die kleine Republik gewährte: Sie erhielten ein zweites Haus in Gestalt des Akademietheaters. Weil aber zum Zeitpunkt der Eröffnung, am 8. September 1922, die Drucker streikten und keine Zeitungen erschienen, blieb das große Ereignis weitgehend unbemerkt. Aber nach einer der nächsten Premieren, der Salonkomödie „Die Frau von vierzig Jahren" von *Sil-Vara* mit Lili

Paulsen als Soemus

Marberg in der Titelrolle, schrieb der Theaterkritiker des „Neuen 8 Uhr Blattes" am 22. 12. 1922: „Ich zählte 46 Perlenschnüre und mehr als 30 Autos. Es war sozusagen ein Gesellschaftsereignis – und ich durfte dabeisein. Gott, war ich stolz auf mich."

Bald darauf hatte „Die Reise in die Mädchenzeit" von Alexander *Engel* und Hans *Sassmann* im Akademietheater Premiere. In einer gereimten Kritik über die Aufführung hieß es:

„Der Beifall tobt, es quiekt der Saal,
Vom Himmel lächelt Blumenthal –
Und wie zwei Röschen an einem Stengel
Erscheinen lieblich Sassmann und Engel ..."

Die Komödien im Akademietheater waren zwar glänzend besucht, doch das vermochte nichts daran zu ändern, daß es dem Burgtheater angesichts der allgemeinen Wirtschaftskrise und der Notwendigkeit von Einsparungen im Staatshaushalt nicht gutging. So erklärte der großdeutsche Abgeordnete Matthias *Wimmer,* ein Bauer aus Salzburg, am 22. Juni 1923 im Parlament: „Ja, jetzt fängt man an, bei den Briefträgern zu sparen, auf der anderen Seite lesen wir aber, daß die Theater in Wien ein so großes Defizit aufweisen! Das Landvolk sagt sich: Ich habe weder das Burgtheater gesehen noch die Oper, diese schönen Gebäude, und werde es auch nicht sehen, und doch muß ich dafür mitbezahlen; das wenige aber, was ich habe, den Briefträger, baut man mir ab!"

Es waren in mehr als einer Hinsicht seltsame Zeiten. Bei Max Paulsen erschien ein junger Regisseur, sprach über eine geplante Aufführung und nannte als mögliche Besetzung Namen längst dahingegangener Größen wie Kainz, Mitterwurzer, Sonnenthal und Wolter. Paulsen hörte sich den ahnungslosen jungen Mann geduldig an und meinte sodann: „Unter diesen Umständen wird es wohl am besten sein, wenn wir uns zur Besetzungsbesprechung auf den Zentralfriedhof begeben ..."

Max Paulsen resignierte im Kampf mit Budget und Behörde bereits nach einem Jahr und trat mit Wirkung vom 31. Juli 1923 zurück. So wie Albert Heine blieb aber auch er dem Hause als Regisseur und Schauspieler verbunden und begann überdies unter dem Pseudonym Peter Petersen eine überaus erfolgreiche Karriere als Filmschauspieler. Dabei hatte er die Marotte, so zu tun, als wisse niemand, daß der Filmschauspieler Peter Petersen mit dem Burgschauspieler Max Paulsen identisch sei. Dementsprechend sagte er einmal zum jungen Emmerich Reimers: „Lieber Emmerich, gewisse Leute behaupten, ein Filmschauspieler namens Peter Petersen sei mir sehr ähnlich. Haben Sie ihn schon einmal gesehen?“ Reimers erwiderte mit todernstem Gesicht: „Gesehen habe ich ihn. Die Ähnlichkeit mit Ihnen ist aber rein äußerlich. Als Schauspieler kann er Ihnen nicht das Wasser reichen!“

Nachfolger von Max Paulsen als Direktor wurde wieder ein Schauspieler, Franz *Herterich*, der auf die-

sem Posten immerhin sieben Jahre lang verblieb. Eine der ersten Premieren, die Herterich herausbrachte, war am 6. Oktober 1923 die „Penthesilea“ von Kleist. Egon Friedell, der nach wie vor gerne seinen Spott am Burgtheater erprobte, schrieb über die Aufführung eine Kritik im Stile Alfred Kerrs, in der es hieß: „Herr Aslan: Raoul Kainzowitsch Moissisohn. Nur ein Enkel des großen Leuchtsprudler Josef, aber immerhin ein Enkel (oder anders ausgedrückt: ein Windhund, aber mit erstklassigem Pedigree). Die Pündösdy hinwiederum ist eine Helene Thimig für den Taschengebrauch. Oder: für Unterklassen. Oder wie's im Baedeker heißt: für einfache Touristen." Friedell schloß die Kritik mit den „kerrischen" Versen:

„Faß ich zusammen all die Bilder,
Mit denen ich erlabet war,
So sag ich schließlich als ein milder,
doch selbstbewußter Kritiker:
Ich danke Meister Herterichen,
Daß er dies Dichtwerk uns geschenkt
Und mit ein paar beherzten Strichen
Vor unser heut'ges Aug' gelenkt.
Jedoch kann ich mir nicht verhehlen,
Daß das Gelauf von Menschenschar,
Das ganze Rasseln mit den Stühlen,
Nicht dringend war,
Nicht dringend war."

Bald nach seinem Amtsantritt schickte Herterich den Dichter Theodor *Csokor* nach Berlin, an dessen Bühnen der Expressionismus Triumphe feierte, und bat ihn, sich nach geeigneten Stücken für das Burgtheater umzusehen. Csokor eilte von Theater zu Theater und war besonders beeindruckt vom Stück des jungen Österreichers Arnolt Bronnen mit dem provokanten Titel „Vatermord". Bei der Heimreise wäre Csokor an der Grenze fast verhaftet worden, weil die Polizei ein Telegramm an Herterich abgefangen hatte, dessen lakonischer Text lautete: „Empfehle Vatermord Stop Csokor."

Der Staat und seine Theater und die Theater und ihre Schauspieler hatten nach wie vor schwer zu kämpfen. Nachdem Raoul Aslan im Herbst 1923 im „Simpl" einen Chansonabend gegeben hatte und in Wien das Gerücht umging, demnächst werde auch Hugo Thimig in diesem Kabarett auftreten, erschien in der „Stunde“ unter dem Titel „Armin Berg und das Burgtheater“ folgende Scherzmeldung: „Armin Berg hat einen Engagementsvertrag an das Burgtheater erhalten. Direktor Otto Taussig von ‚Max und Moritz‘ hat dem Künstler, dem das Rollenfach Hugo Thimigs zugedacht war, die Annahme des Engagements aus Prestigegründen verweigert.“

Eine Woche darauf erschien dann wiederum in der „Stunde“ unter dem Titel „Armin Berg berichtigt“ folgende Meldung: „Armin Berg sendet uns eine Zuschrift, worin er den von uns gemeldeten Engagementsvertrag ans Burgtheater als unrichtig bezeichnet. Übrigens hätte er einen solchen Antrag aus Rücksicht darauf, daß er sogar einen von Leopoldi-Wiesenthal an ihn ergangenen Ruf abgelehnt habe, eo ipso ausschlagen müssen.“

Der Scherz war vom Ernst nicht allzu weit entfernt. Im Jänner 1924 druckte Karl Kraus in der „Fackel“ unter dem lakonischen Titel „Die Tragödie der Zeit“ ein Inserat des Kabaretts „Nachtlicht“ in der Ballgasse ab, in dem es hieß: „Sonntag, 4 Uhr nachm.: Familienjause bei freiem Eintritt: Auguste Wilbrandt-Baudius (Burgtheater). -- Tische bestellen! Milchkaffee. Tee. Schokolade.“

Im Parlament gab es nach wie vor Abgeordnete, die der Ansicht waren, daß für das Burgtheater viel zuviel Geld ausgegeben werde. So erklärte der Landbundabgeordnete Philipp *Größbauer* am 13. Mai 1924 in einer Debattenrede: „Im neuen Budget ist auch die Pferdezucht vernachlässigt. Man will für die Pferdezucht nichts hergeben. Wir sehen durchaus nicht ein, warum für die Pferdezucht so wenig normiert ist. Für andere Dinge, die wir für weniger notwendig halten, hat man dagegen hohe Summen bewilligt. Man muß sich wirklich an den Kopf greifen, wenn man sieht, daß für Theater 18 Milliarden Zuschuß gegeben werden. Ich frage einmal, was ist notwendiger in einem Staat, der so heruntergekommen ist wie Österreich, das Theater oder die Pferdezucht? Vom Theater wird wohl niemand voll und wird niemand leben können. Man sagt sogar, die Kunst geht nach Brot. Ich möchte wissen, wie lange die Künstler spielen würden, wenn sie kein Brot hätten. Nach unserer Auffassung sind die Erfordernisse der Landwirtschaft notwendiger als solche Dinge, und man sollte wenigstens das Geld, das man für diese Dinge verwendet, nicht der Landwirtschaft wegnehmen. Ich habe mich sehr gewundert, daß alle Parteien rechts und links für die Theater so warm eingetreten sind."

Im April 1925 brachte Herterich Ibsens „Peer Gynt" mit Otto Tressler in der Titelrolle. Tressler war insofern ein Wahrer alter Burgtheatertradition, als daß er nie seinen Text kannte. An einer Stelle hatte er zu sagen: „... daß Gott zu lohnen und zu strafen, die Böcke sondert von den Schafen ..." Prompt rief er dagegen aus: „... daß Gott zu strafen und zu lohnen ..." Nach kurzem Zögern fuhr Tressler fort: „... die Erbsen sondert von den Bohnen ..."

Tresslers Versprecher und Hänger waren berühmt. Im „Cyrano von Bergerac" konnte er sich nie den Namen seines Hauptmannes „von Castel-Jaloux" merken und deklamierte munter drauflos:

„Das sind die Gascogner Kadetten,
Ihr Hauptmann ist einer mit U . . ."

Tressler spielte am Burgtheater auch den „Wilhelm Tell". Böswillige Kollegen behaupteten, er habe in diesem Stück anstatt „Die Axt im Haus erspart den Zimmermann" gesagt: „Die Rax im Haus erspart die Zahnradbahn . . .!"

Die Solveig im „Peer Gynt" spielte Auguste Pünkösdy. Der Kritiker Leopold *Jakobson* bedachte ihre gesangliche Leistung in dieser Rolle mit den wenig schmeichelhaften Worten: „Wenn ich Frau Pünkösdy Solveigs Lied intonieren höre, möchte ich rufen: Nie wieder Grieg!"

Am 8. Mai 1925 ereignete sich während der „Peer Gynt"-Aufführung im Burgtheater ein dramatischer Zwischenfall. Philipp Zeska, der den Blinden Passagier spielte, hatte gerade die Bühne betreten und seinen Text gesagt, der lautete: „Ich komme betreffs des Leichnams", als Schüsse fielen und der Vorhang niederging: Die mazedonische Terroristin Nincia *Carnicu* hatte ihren Landsmann Todor *Panitza* in seiner Loge erschossen. Die Attentäterin wurde verhaftet, und nach

angemessener Pause ging der Vorhang hoch und das Spiel weiter. Gestrichen hatte man nur eine Textstelle, die lautete: „Man stirbt nicht mitten im vierten Akt . . ."

Im Frühjahr 1926 wurde der 150jährige Bestand des Burgtheaters gefeiert. Die Zeitung „Der Tag" hielt aus diesem Anlaß unter dem Titel „Wohin geht das heutige Burgtheater Ihrer Meinung nach und wohin sollte es Ihrer Meinung nach gehen?" eine Rundfrage ab, auf die Robert *Musil* folgendermaßen antwortete: „Ihre zwei Fragen erinnern mich an die Geschichte der Türkei. Am 14. Jänner 1853 ist das Osmanische Reich zum ersten Mal mit einem an Altersschwäche leidenden Kranken verglichen worden, bald darauf mit einem sterbenden Mann, danach ist sechzig Jahre lang mit ungeduldigem Bedauern vom kranken Mann gesprochen worden, aber heute lebt dieser historische Kranke, soviel man hört, wie ein frischer Jüngling. Als Ersatz haben wir das Burgtheater bekommen. Darum läßt sich ihm eine schöne Zukunft keineswegs noch absprechen. Aber ich bin außerstande, ihm einen Weg vorherzusagen."

Recht kryptisch äußerte sich auch Alfred *Polgar,* der aus Anlaß des Jubiläums schrieb: „Es gibt keinen Spezial-Geist des Burgtheaters, der, als Hinterlassenschaft hoher Ahnen, nur richtig verwaltet werden müßte, um neue Kunst vom Wert jener alten, die einstmals hier geübt ward, zu zinsen. Es ist eine rührende Illusion, daß von den Brettern, auf denen Robert, Sonnenthal, Baumeister, Mitterwurzer gestanden haben, ein besonderes, geheimnisvolles Fluidum in jene ströme, die heute dort Theater machen. Glaubt wirklich jemand, daß ein General, wenn man ihn ins Bett Napoleons legt, dort auf kühnere strategische Einfälle kommen wird?"

Hans *Liebstöckl,* der Chefredakteur der „Bühne“ erzählte dagegen aus Anlaß des Jubiläums die Geschichte vom Schweizer Knabenpensionat, in dem Schüler, die aus den besten Familien aller Herren Länder stammen, den Auftrag erhalten, einen Aufsatz über den Elefanten zu verfassen. Der Engländer schreibt: „Wie ich meinen ersten Elefanten schoß.“ Der Franzose: „Das Liebesleben der Elefanten.“ Der Deutsche: „Der Elefant - der ungekrönte König der Tierwelt.“ Und der Österreicher: „Erinnerungen eines Elefanten an das alte Burgtheater.“

Es gab aus Anlaß des Jubiläums auch eine Festschrift, in der u. a. die Mitglieder des Hauses ihre Gedanken zu dem Festtag zum Ausdruck brachten. Carl *Zeska* erinnerte sich dabei der Tradition, daß im Burgtheater bei feierlichen Anlässen gedichtet wurde, und reimte:

„Nur 6 bis 10 Zeilen darf ich schreiben.
Und soll dabei autobiographisch bleiben.
Nun gut! Als Bonvivant, Regisseur und Vater
Diene ich 35 Jahre dem Burgtheater!
Man kann mich fast täglich von 6 bis 10
Für billiges Geld dort mimen seh’n.

Wo ich vorher war, als ich noch „Carl von"
Siehe Eisenberg, Kunst-Lexikon.
Zum Schlusse bitte ich den Himmelsvater
Erhalte uns Wien und sein Burgtheater."

Ebenfalls Tradition war es, daß das Jubiläum von Zwist im Hause überschattet war. Anfang 1926 hatten mehrere Mitglieder des Burgtheaters, deren Verträge abgelaufen waren, neue Vertragsentwürfe erhalten, die bei gleichbleibender Gage erhöhte Spielverpflichtungen enthielten. Der Unmut richtete sich gegen Direktor Herterich, der prompt seine Demission anbot, im Hinblick auf das bevorstehende Jubiläum aber gebeten wurde, im Amt zu bleiben. Dazu kam die triste finanzielle Lage, die u. a. in der Mitteilung der Staatstheaterverwaltung an Direktor Herterich zum Ausdruck kam, daß nach Rücksprache mit dem Finanzministerium aus Anlaß des Jubiläums „die Abhaltung eines Banketts genehmigt wurde, die Kosten sind durch Spenden (Geld oder Naturalien, Getränke, Überlassung der Räume usw.) möglichst herabzudrücken". Ein dermaßen zusammengeschnorrtes Bankett kam dann nicht zustande, aber statt dessen gab der damalige Unterrichtsminister Dr. Emil *Schneider* einen Empfang für die Künstler. Als Raoul Aslan bei der Verabschiedung von der Gattin des Ministers gefragt wurde, wie er sich unterhalten habe, antwortete er: „Wenn es noch fünf Minuten länger gedauert hätte, wäre ich in Tränen ausgebrochen."

Allen Widerwärtigkeiten zum Trotz war die Hundertfünfzigjahrfeier des Burgtheaters aber eine eindrucksvolle Manifestation der Tradition des Hauses. Zu Ehren Lessings, dessen Schriften Joseph II. einst befolgt hatte, gab man am 8. April „Minna von Barnhelm", und bei der vormittägigen Feier sprach der

68jährige Max Devrient, der 1882 ans Haus gekommen war, einen Prolog von Hermann Bahr, der ein Vierteljahrhundert zuvor erstmals eine Premiere eines seiner Stücke am Burgtheater erlebt hatte. Devrient war nicht der einzige Schauspieler, der noch im alten Haus am Michaelerplatz aufgetreten war. Auguste Wilbrandt-Baudius, die Witwe von Adolf Wilbrandt, Direktor im alten Haus von 1881 bis 1887, war 1861 ans Burgtheater gekommen, dem sie bis zu ihrem Tode im Jahre 1937, im Alter von 94 Jahren treu blieb. Bei einem ihrer letzten Auftritte hatte sie ihrem Partner vor dem Betreten der Bühne noch rasch zugeflüstert: „Sie müssen mich erinnern, daß ich eine alte Frau spiele. Ich muß gebückt gehen!"

Auch Georg Reimers, der 1885 ans Haus gekommen war und bis zu seinem Tode im Jahre 1936 im Alter von 76 Jahren am Burgtheater blieb, war bis zuletzt eine imponierende Erscheinung, die sich im Laufe der Jahrzehnte vom strahlenden Jüngling zum würdigen Heldenvater gewandelt hatte. Mit den Rollen hatte er allerdings bis zuletzt gewisse Schwierigkeiten. Als man Reimers einmal vier Wochen vor der Premiere eines Stükkes sagte, sein Partner heiße nun nicht Paquin, sondern Raquin, stöhnte er: „Ja, ob ich das noch umlernen kann . . .!"

Der Beitrag Herterichs zum Jubiläumsjahr war, daß er das indische Märchen „Vasantasena" mit viel Pomp und Prunk inszenierte. In prächtigen Dekorationen tummelten sich schöne Bajaderen und edle Pferde, und der junge Paul Hartmann kam auf einem Elefanten auf die Bühne geritten. Als bei der Probe der Elefant hinter der Bühne zu trompeten begann, rief Herterich, der schwerhörig war: „Gut, Herr Hartmann, nur ein bißchen zu laut . . .!"

Zwei Jahre darauf wurde im Burgtheater schon wieder gefeiert: Am 14. Oktober 1928 fand eine Festvorstellung aus Anlaß der 40. Wiederkehr der Eröffnung des Hauses am Ring statt. Man gab Goethes „Faust“ mit Ewald *Balser* in der Titelrolle und Raoul Aslan als

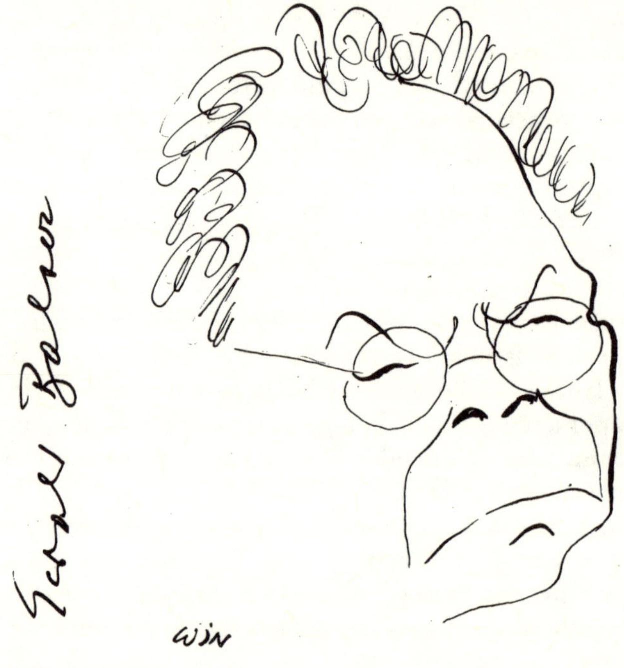

Mephisto. Bei den Proben hatte sich Balser recht unwirsch über seinen Kollegen geäußert, der wie üblich mit seinem Text Schwierigkeiten hatte. Eine längere Pause während der Probenzeit benützte Balser zu einem Ausflug nach Rom. Als er zurückkam, konnte Aslan seinen Text noch immer nicht, worauf Balser aber lediglich begütigend sagte: „Das kann doch jedem passieren!“ Aslan quittierte diese Bemerkung mit leisem Lächeln und den Worten: „Sie haben viel in Rom gelernt, mein lieber Balser!“

Die Direktion Franz Herterichs, der ein Schauspieler war, endete mit der Spielzeit 1929/30, weil einige seiner Kollegen, darunter Schauspieler, die er als Direktor ans Haus gebracht hatte, gegen ihn revoltierten; eine Vorgangsweise, die verständlich macht, warum Georg *Reimers,* auf die Frage, ob er nicht Direktor werden möchte, die berühmt gewordene Antwort gab: „Burgtheaterdirektor? Lieber scheintot im Massengrab!"

Wie vorschnell und unbedacht die Ablöse Herterichs erfolgte, kann daraus ersehen werden, daß sein Nachfolger ein Vorgänger wurde. Anton Wildgans trat am 1. Juli 1930 seine zweite Burgtheaterdirektion an, die genauso lange dauerte wie seine erste, nämlich siebzehn Monate. Der schwerkranke Dichter wußte wohl, auf was er sich eingelassen hatte, denn bereits am 14. Juli 1930, zwei Wochen nach seinem Amtsantritt, richtete er an den Leiter der Administrationskanzlei des Burgtheaters, Oberrechnungsrat Josef *Kollerics,* ein Schreiben, in dem es hieß: „Zwei Ablehnungen von Journalistenstücken, zwei Todfeinde mehr, und zwei Schaufeln zum eigenen direktorialen Grabe!"

Die Presse meinte es mit Wildgans tatsächlich nicht gut. So schrieb das „Neue Wiener Journal" im Jahre 1931: „Eine stattliche Armee von Steuerzahlern ist bereits entschlossen, die Lösung der Burgtheaterkrise durch Anzünden des Prunkbaues am Ring herbeizuführen."

Dazu kam es nicht, denn am Ende des Jahres 1932 wurde Wildgans abberufen und durch den langjährigen Leiter des Hamburger Thaliatheaters, Hermann *Röbbeling,* ersetzt, der das Verlangen von Behörde und Publikum nach Abbau des Burgtheaterdefizites erfüllen sollte. Röbbeling seinerseits war durchaus gewillt, dem Ratschlag des Finanzministers Josef *Kollmann* Folge zu leisten, den ihm der Kritiker Ludwig *Karpath* übermittelt hatte: „Net kost's, was kost, sondern kost's, was wert is!"

Anton Wildgans, schwer gekränkt, kommentierte die Ernennung Röbbelings mit den Worten: „Das ist der Sieg des Wurstelpraters über den Geist des Burgtheaters."

Röbbeling ging mit viel Energie ans Werk. Bald nach seinem Amtsantritt inspizierte er in Begleitung des Dramaturgen Erhard Buschbeck und des Schauspielers Karl Eidlitz die Werkstätten des Burgtheaters. Dort begegnete er zuerst einem alten Frauerl, das erklärte: „Ich bin Federschmückerin, ich mache die Pleureusen für die Damen Hofschauspielerinnen." Darauf Röbbeling: „Die Alte wird pensioniert." In der nächsten Werkstatt stieß er auf einen Hünen, der vermeldete: „Ich bin Harnischfeger! Ich mache die Schwerter und Harnische für die Herren Hofschauspieler." – „Nee", sagte Röbbeling, „Reemerdramen spielen wir keene! Der Mann wird pensioniert." Schließlich kam Röbbeling mit seinem Gefolge in die Schneiderwerkstatt, wo er aber den Garderobenvorstand Nemec nicht antraf. Nemec wurde geholt und von Röbbeling angeherrscht: „Wo waren Sie?" Daraufhin Nemec: „Bitte scheen, Herr Direktor, von finfe auf sechse is gesetzliche Jausenzeit." Erschüttert wandte sich Röbbeling zu seinen Begleitern und meinte: „Ick gloobe, ick passe doch nich hierher ...!"

Über Röbbeling, der ein gebürtiger Sachse war und dessen Amtsführung bisweilen an den Theaterdirektor Striese gemahnte, zirkulierten bald viele Geschichten.

So erzählte man, Röbbeling habe anläßlich der Wiederaufnahme der aus dem Jahre 1928 stammenden Inszenierung von Shakespeares „Julius Cäsar“ gesagt: „De Dekoration is ja ganz scheen, aber ein bißchen zu wenig reemisch. Vielleicht sollt ma im Hinterjrund den Petersdom oder was Ähnliches sehn ...“

Die Schauspieler hatten unter Röbbeling nichts zu lachen. Im ersten Jahr seiner Direktion brachte er in beiden Häusern 42 Premieren heraus, worauf Fred *Hennings* das Burgtheater „Röbbelings Galeere“ taufte. Auch bei Proben war der neue Direktor nicht zimperlich. Nachdem er einmal die junge Lilly *Stepanek* besonders hart angefaßt hatte, nahm sie ihr älterer Kollege Hans *Marr* beiseite und sagte zu ihr: „Da kann man nur leise weinend in die Ecke kotzen!“

Der neue Direktor betätigte sich auch dramaturgisch. Er bearbeitete den „Perikles“, als dessen Autor Shakespeare galt, und kommentierte dieses Unterfangen mit den Worten: „Im ersten Akt vergewaltigt ein Vater seine Tochter. Das geht nicht wegen unserer Abonnenten. Ick hab eenen Oheim draus jemacht. Scheen is das ooch nich – aber es geht!“

Röbbeling war kühnen Neuerungen durchaus nicht abhold. So brachte er im Februar 1932 Goethes „Faust – erster und zweiter Teil“ an einem Abend, in der Bearbeitung von Richard *Beer-Hofmann.* Spitzname der Inszenierung in Theaterkreisen: „Beer-Hofmanns Erzählungen.“

Ein großer Erfolg für das Burgtheater wurde im März 1932 die Einladung, aus Anlaß des hundertsten Todestages von Johann Wolfgang von Goethe mit „Torquato Tasso“ in Weimar zu gastieren. Auf der Hinreise hatte Raoul Aslan, der den Tasso spielte, noch gestöhnt: „Sie werden mich nicht verstehen! Sie werden glauben, ich spreche chinesisch!“

Nach der Aufführung aber sagte Thomas *Mann,* der im Publikum gewesen war: „Es war die schönste Tasso-Aufführung, die ich je gesehen habe, und es war die schönste, die ich je sehen werde!“

Eine andere legendäre Goethe-Aufführung der Ära Röbbeling war die „Iphigenie auf Tauris“, die im April 1934 Premiere hatte. Bei der ersten Kostümprobe erschien der junge Philipp Zeska, der alternierend mit Paul Hartmann und Fred Liewehr den Pylades spielte, in einer grünen Toga mit strohblonder Perücke. Daraufhin nahm ihn Raoul Aslan, der den Orest verkörperte, beiseite und sagte ihm: „Für Pylades gibt es manchen Darstellungsstil: griechisch, weimarisch, barock oder modern. Aber eines, lieber Philipp, mußt du doch fühlen: Als Tirolerin kannst du den Pylades nicht spielen!“

Im Akademietheater brillierte das Ensemble des Burgtheaters in Salonstücken durch Anmut, Brillanz und Charme. In ganz besonderem Maße zeichnete sich Alma Seidler aus. Nachdem sie in Molnars Komödie „Die Zuckerbäckerin“ die Ilona gespielt hatte, reimte ein begeisterter Kritiker ihr zu Ehren:

„Ich schnitt es gern in alle Krapfen ein,
in alle Doboschtorten groß und klein,
ich tropft es gern in die Pogatschen fein
und göß es in die Kognakweichsel ein,
auf jeden Topfenstrudel möcht ich's schreiben:
Dein ist mein Herz und soll es ewig bleiben!“

Maria *Eis* wiederum brillierte im Akademietheater als Frau Peschta in Frantiseks Langer Komödie „Das Kamel geht durch das Nadelöhr". Sie verkörperte die Rolle mehr als hundertmal und sagte schließlich: „Die Wolter hat man im Kostüm der Iphigenie begraben. Mich werden sie als Frau Peschta hineinlegen."

Die Eis, eine gebürtige Pragerin, war im Jahre 1932 ans Burgtheater gekommen und hatte es, wie alle neuen Mitglieder, nicht leicht. Als man sie fragte, wie Frau Wohlgemuth zu ihr stehe, antwortete sie lakonisch: „Mit dem Rücken!"

Röbbeling erwarb sich den Ehrentitel, der „dramatische Außenminister Österreichs“ zu sein, weil er im Burgtheater einen Zyklus „Stimmen der Völker“ veranstaltete. Die Schweiz war in diesem Zyklus durch das Drama „Der Bürgermeister von Zürich“ von Hermann Ferdinand *Schell*, dem Vater der Schauspielgeschwister Maria und Maximilian Schell, vertreten. Das Stück, das der Autor zunächst schlicht „Waldmann“ genannt hatte, schilderte das Leben des gleichnamigen Zürcher Bürgermeisters und war von Schell unter seinem ursprünglichen Titel dem Burgtheater eingereicht worden. Als Schell keine Antwort erhielt, reiste er nach Wien und wurde in der Direktion des Burgtheaters von Röbbeling mit ausgebreiteten Armen und den Worten empfangen: „Mein lieber, verehrter Herr Schell! Selbstverständlich werden wir Ihr wunderschönes Dackelstück spielen!“ Verdutzt und erbost erwiderte Schell: „Was heißt Dackelstück? Mein Drama handelt vom Zürcher Bürgermeister Waldmann!“ Darauf Röbbeling, der keine Ahnung hatte, wovon das Stück handelte: „Sie müssen schon entschuldigen, aber bei uns daheeme in Sachsen heißen alle Dackeln Waldmann!“

Maria Eis war nicht nur eine verführerische, sondern auch eine verschwenderische Frau. Sie war schließlich so verschuldet, daß sie sich auf Anraten von Erhard Buschbeck und mit Hilfe eines Rechtsanwaltes mit ihren Gläubigern ausglich und dies Röbbeling mit den Worten meldete: „Herr Direktor, ich bin im Ausgleich!“ Worauf Röbbeling kopfschüttelnd meinte: „Also Salondamen im Wechsel hab ich schon gehabt, aber Salondamen im Ausgleich noch nie!“

Ungarn war im Zyklus mit Imre *Mardachs* „Tragödie des Menschen“ vertreten, in der Maria Eis die Eva im Paradies spielte. Sie trat für damalige Begriffe recht freizügig auf, bekleidet lediglich mit einem enganliegenden fleischfarbigen Trikot und etwas Laub. Eines Tages herrschte vor der Aufführung große Aufregung, weil der Erzbischof von Wien, Kardinal Innitzer, sein Kommen angesagt hatte. Nur Maria Eis behielt die Ruhe und sagte in ihrem schönsten Prager Deutsch: „Seids nicht so aufgeregt, werd ich halt eine Innitzer-Ranke mehr über den Busen legen . . ."

Längst hatte der Film nach den Burgschauspielern gegriffen. So wurde Otto Tressler im Jahre 1933 von der UFA in Berlin zu Probeaufnahmen eingeladen. Als man sie ihm vorführte, stürzte er mit den Worten aus der Kabine: „Katastrophe! Unmöglich! Wenn das der Burgschauspieler Otto Tressler war, dann, meine Herren, habe ich mein ganzes Leben lang falsch Theater gespielt." Der Besetzungschef der UFA versuchte ihn mit den Worten zu besänftigen: „Aber Herr Hofrat, das läßt sich doch leicht korrigieren." – „Unmöglich", erwiderte Tressler, „dazu ist es zu spät. Damit hab ich mir doch meinen Namen gemacht!"

Kein Film aus Wien ohne Paula Wessely und Attila Hörbiger . .

Auch Franz Höbling, der einzige Angehörige des Burgtheaterensembles, der als ausgebildeter Sänger zugleich auch Mitglied der Staatsoper war, hätte gern gefilmt. Er war daher sehr erfreut, als mitten in der Nacht bei ihm das Telephon läutete und der Anrufer erklärte, er sei Produzent in Hollywood, suche für einen Großfilm einen Hauptdarsteller und sei auf Höbling aufmerksam gemacht worden. Dann begann er Fragen zu stellen: „Können Sie singen?" – „Selbstverständlich", erwiderte Höbling, „ich bin ausgebildeter Opernsänger." – „Können Sie tanzen?" – „Kann ich." – „Können Sie reiten?" – „Kann ich." – „Können Sie fechten?" – „Kann ich." – „Sind Sie groß und blond?" – „Selbstverständlich", erwiderte Höbling. „Groß und blond." Darauf der Anrufer nach einer kurzen Pause: „Oh, das ist aber schade. Wir suchen nämlich einen kleinen Schwarzen."

Hermann *Thimig*, der beim Film große Erfolge hatte, mußte zur Kenntnis nehmen, daß er dadurch nicht überall bekannt geworden war. Als er bei Bundes-

präsident *Miklas* erschien, um sich für die Ernennung zum Kammerschauspieler zu bedanken, fragte ihn das Staatsoberhaupt freundlich: „Welche Partie haben Sie zuletzt in der Oper gesungen?"

Weil Österreich schwer um seine Existenz kämpfte, führte man im Burgtheater patriotische Stücke auf. Als das Weinbauernstück „Flucht in die Heimat" von Rudolf *Henz* einstudiert wurde, regte der Autor auf der

Probe an, die Knechte, die im ersten Akt an einem regnerischen Tag aus dem Weingarten kommen, müßten lehmige Stiefel tragen. Röbbeling widersprach heftig: „Kommt jar nicht in Frage! Auf die Bühne des Burgtheaters kommt mir nur ein properer Schuh!"

Die „Habsburgerlegende" von Friedrich *Schreyvogl* schilderte das Schicksal des Erzherzog Johann Salvator, der sich später Johann Orth nannte, und seiner Geliebten, der Tänzerin Milli Stubel. Den Erzherzog spielte Raoul Aslan, obwohl er sich ursprünglich mit folgender Begründung geweigert hatte, die Rolle zu übernehmen: „Erstens: Ich bin gänzlich unmilitärisch, zweitens war ich vom Weltkrieg dispensiert, drittens kann ich keine Geliebte haben, die Milli heißt!"

Auch den Schloßherrn in Max *Mells* „Nachfolge Christi Spiel" wollte Aslan ursprünglich nicht spielen. Begründung: Der Autor bestand darauf, daß der Schloßherr fünfzig Jahre alt sei, und Aslan war der Ansicht, daß er einen so alten Mann nicht spielen könne. Er ließ sich schließlich doch überreden, meinte jedoch: „In dem Augenblick, wo ich sagen werde: ‚Bin nun fünfzig Jahre', müssen sämtliche Räuber auf der Bühne hellauf lachen!"

Die Spötter blieben dem Burgtheater bis zuletzt treu. In Jura Soyfers „Broadway-Melodie 1492", die eine Bearbeitung des Stückes „Kolumbus oder die Entdeckung Amerikas" von Kurt Tucholsky und Walter Hasenclever war, erteilte der Burgtheaterportier dem Regisseur der Avantgardebühne folgende Belehrung: „Alstern passen S' auf: Für ein historisches Stück braucht man drei Dinge: an Fundus, a Traditiaun und a Subventiaun. Durch'n Fundus entsteht die Traditiaun, durch die Traditiaun entsteht das Defizit, durch das

Defizit entsteht die Subventiaun, durch die Subventiaun entsteht a neicher Fundus, durch'n neichen Fundus entsteht a neiche Traditiaun, a neiches Defizit, a neiche Subventiaun und so weiter bis ins Metaphysische. Haben Sie mich verstanden?"

Bald danach war aber alles zu Ende. Als Hermann Röbbeling in den Märztagen des Jahres 1938 das Burgtheater verließ, kam ihm auf der steilen Wendeltreppe, die zu den Direktionsräumen führte, Maria *Kramer* entgegen. „Wie geht es, Herr Direktor?" fragte die Schauspielerin. „Wie Sie sehen, Fräulein Kramer", erwiderte Röbbeling, „mal geht's rauf und mal geht's runter."

Röbbelings Frau brachte die Amtsenthebung ihres Mannes auf die ebenso einfache wie lakonische Formel: „Um zehn Uhr hat er noch aus dem Büro angerufen und um Viertel elf schon aus einem Telephonautomaten . . ."

FÜNFTES KAPITEL

Und wer reicht mir die Patsche

ODER
DAS NATIONALTHEATER
OHNE NATION

1938 – 1945

Die neue Zeit brachte auch neue Sitten. Hugo Thimig wurde in den Märztagen des Jahres 1938 vor dem Burgtheater von einem SA-Mann mit den Worten angestänkert: „Sie Jud!“ Thimig erwiderte mit strahlendem Lächeln: „Irrtum, mein junger Krieger! Ich bin ein Araber!“

Auch von Amts wegen war der Nachweis zu erbringen, daß man kein Jude, sondern Arier war. So erschien auch der aus Saloniki stammende Raoul Aslan auf der für Ahnenfragen zuständigen Dienststelle, zog aus einer Aktentasche ein dickes Bündel von Dokumenten und sagte in seiner wunderschönen, getragenen Sprechweise: „Ich habe den gesamten Balkan mit Anfragen übersät. Hier sind die Antworten. Genügt es, ist es gut! Genügt es nicht, dann ist es auch gut: Dann mag ich eben fortan als Jude gelten ...!“

Eine, die den Nachweis nicht erbringen konnte, war Else Wohlgemuth. Sie floh mit ihrem Mann, dem Grafen Emmerich Thun-Hohenstein, nach Italien, mußte sich aber unterwegs bei der Gestapo in Salzburg melden. Als sie mit ihrem Mann das Amtsgebäude betrat und vorangehen wollte, hielt sie der Graf mit den Worten zurück: „Pardon, liebe Else, das ist einer der wenigen Augenblicke im Leben, wo der Herr vorangeht.“

Verfolgung und Widerstand waren vielfältig nuanciert. Hans Sassmann, der mit „Metternich“, „Prinz Eugen“, „Maria Theresia“ und anderen Bilderbogen aus Österreichs Geschichte in den dreißiger Jahren ein Hausautor des Burgtheaters geworden war, mußte zwar nicht fliehen, wurde aber nicht mehr aufgeführt.

Else Wohlgemuth

Sassmann nahm es gelassen hin, und wenn man ihn anrief, pflegte er sich am Telephon mit den Worten zu melden: „Hier Sassmann. Ich buchstabiere: SA SS Mann."

Die neue Zeit erforderte auch einen neuen Direktor. Am 13. März hatte zwar der Schriftsteller Mirko *Jelusich* als kommissarischer Leiter die Führung des Hauses übernommen, doch da er sich bewußt war, daß seine Theatererfahrung an seine Gesinnungstreue nicht heranreichte, bat er schon im Juli des gleichen Jahres um seine Entlassung. Auf der Suche nach einem

Nachfolger stieß man, der Bedeutung des Burgtheaters entsprechend, auch auf Gustaf *Gründgens,* den Generalintendanten des Staatstheaters in Berlin. Göring, dem in seiner Eigenschaft als Preußischer Ministerpräsident die Berliner Staatstheater unterstanden, erteilte ihm den Auftrag, nach Wien zu fahren, worauf Gründgens zu seiner Sekretärin sagte: „Nach Wien gehe ich nicht. Ich werde krank und lege mich ins Bett." Seine Mitarbeiterin meinte: „Was wird das nützen, Chef? Wenn die wollen, kommen Sie doch nicht darum herum." Gründgens, im Umgang mit den Herren des Dritten Reichs wohlbewandert, erwiderte: „Lehren Sie mich die nicht kennen. In spätestens einer Woche finden die einen anderen."

Sie fanden tatsächlich einen anderen. Lothar *Müthel,* Schauspieler und Regisseur aus dem „Altreich", konnte freilich zunächst sein Amt nicht antreten, weil er im Sommer 1938 bei einem Autounfall schwer verletzt wurde. Das Burgtheater erhielt daraufhin nach dem Kommissarischen Leiter Mirko Jelusich den Provisorischen Leiter Ulrich *Bettac,* bis Lothar Müthel schließlich am 1. Mai 1939 sein Amt antrat. Die Besonderheiten des Hauses lernte er bald kennen. So lauschte Müthel fasziniert, als Raoul Aslan bei einer Probe zu „Alpenkönig und Menschenfeind" an ein und derselben Stelle nicht weniger als dreimal steckenblieb. Dem mahnenden Blick seines Direktors begegnete Aslan mit den Worten: „Ich habe meinen Text die ganze Nacht gelernt." Worauf sich Müthel nicht enthalten konnte zu fragen: „Warum können Sie ihn dann nicht?" Aslan klärte ihn auf: „Ich habe ihn nur bis zu dieser Stelle gelernt!"

Bei anderer Gelegenheit, als der Souffleur wieder einmal besonders vernehmlich war, fragte Müthel: „Sagen

Sie, Herr Aslan, stört Sie das nicht?" Aslan fragte zurück: „Herr Direktor, haben Sie schon einmal gehört, daß einen Kapitän das Arbeiten der Schiffsschraube stört?"

Mit dem neuen Direktor waren auch neue Schauspieler gekommen. Eine dieser Neuangekommenen war Käthe *Dorsch,* der es mit den Anhängern der im Hause etablierten Maria Eis nun so erging, wie es einst der neuangekommenen Maria Eis mit den Anhängern der Else Wohlgemuth ergangen war. Als die Dorsch im Jahre 1939 die Maria Stuart spielte, war Maria Eis als Elisabeth ihre Partnerin. Nach dem großen Gefühlsausbruch der Maria Stuart in der Gartenszene blieb es im Haus einen Augenblick lang totenstill, dann ertönte von der vierten Galerie der Ruf: „Bravo Eis!"

Trotzdem fanden sich nach der Vorstellung einige begeisterte Anhänger vor dem Bühnentürl ein und baten Käthe Dorsch um Autogramme. Die Künstlerin quittierte das Verlangen mit den Worten: „Die werdet ihr euch erst verdienen müssen!"

Lothar Müthel hatte nicht nur Schauspieler, sondern auch einen Dramaturgen mitgebracht. Es war Herbert *Ihering,* der als Theaterkritiker Berufsverbot hatte und nun im Burgtheater untergeschlüpft war. Viel zu tun hatte er dort nicht, weshalb Heinz *Hilpert* von ihm sagte: „Der Ihering ist der bestbezahlte Theaterbesucher der Welt."

Ihering war mit Leib und Seele ein Mann des Theaters. Oscar Fritz *Schuh* erzählt in seinen Lebenserinnerungen, daß er mit Ihering nach der Vorstellung oft in der Bar des Hotel Imperial zusammensaß. Ihering rief dann immer seine in Berlin verbliebene Frau an, um sich nach den Bombenangriffen zu erkundigen. Meist kam er zurück und meldete: „Kein Theater getroffen, nur Wohnviertel!"

Im Jahre 1940 wurde Baldur von Schirach Reichsstatthalter von Wien. Schirach, der dichtete und dessen Vater Theaterintendant gewesen war, hatte große kulturelle Ambitionen. Bald nach seiner Ankunft war Raoul Aslan bei ihm zu Gast. Beim Abendessen hob der neue Reichsstatthalter sein Glas und prostete dem Burgschauspieler zu: „Auf daß Wien eine Kulturstadt werde!" Aslan prostete mit den Worten zurück. „Bleibe, Herr von Schirach, bleibe ...!"

Aslan schilderte am nächsten Tag die erste Begegnung mit Schirach folgendermaßen: „Dieser Schirach ist ein hochgebildeter, feiner Mann. Er empfing mich am Eingang des Hauses und hob die Hand. Ich tat desgleichen. Und also schritten wir segnend durch die Räume ..."

Aslan dachte nicht daran, jemals mit „Heil Hitler" zu grüßen. Als er deswegen angezeigt wurde, erschien er bei der Gestapo und erzählt nachher den Kollegen, die ihn begleitet und auf ihn gewartet hatten: „Ich habe dem Beamten gesagt, daß ich auf die Frage, warum ich nicht mit ‚Heil Hitler' gegrüßt habe, nur mit den Worten des Papstes Innonzenz vom Dritten Konzil in Nicäa antworten könne. Und dann bin ich gegangen." – „Und was hat der Papst damals gesagt?" fragten die Kollegen. Darauf Aslan: „Das weiß ich nicht, aber ihm hat es genügt!"

Als es Aslan einmal gar zu arg getrieben hatte, wollte ihn Schirach verhaften lassen. Er nahm von diesem Vorhaben Abstand, nachdem ihm sein Kulturreferent Walter *Thomas* gesagt hatte: „Wenn Sie wollen, daß sich die Wiener zusammenrotten und das Gauhaus stürmen, dann lassen Sie Aslan verhaften."

Die Gefahr der Verhaftung war allgegenwärtig, denn die Gestapo hatte inzwischen auch im Burgtheater Fuß gefaßt und ein Mitglied des Ensembles als Spitzel angeworben. Otto *Hartmann* war ein Chargenschauspieler von mäßiger Begabung, der sich für angebliche Zurücksetzungen mit den übelsten Denunziationen rächte, was den Gestapomann *Dr. Hubert* veranlaßte, zu einem Burgschauspieler zu sagen: „Hättet ihr ihn den Karl Moor spielen lassen, wäre er nie auf solche Gedanken gekommen."

Obwohl oder vielleicht weil Josef Goebbels dagegen war, ließ Baldur von Schirach den achtzigsten Geburtstag von Gerhart Hauptmann im November 1942 mit einer Festwoche begehen. Bereits im Februar führte das Burgtheater seine „Iphigenie in Delphi“ auf. Der Dichter, der zu dieser Uraufführung nach Wien gekommen war, sagte nach der Vorstellung zu Maria Eis, die die Titelrolle verkörperte: „Jetzt weiß ich, für wen ich meine Iphigenie geschrieben habe. Nur für Sie.“

Der Dichter pries während seines Wiener Aufenthaltes auch eine künftige Burgschauspielerin. Er sah im Deutschen Volkstheater eine Aufführung seines Stückes „Die Jungfrauen von Bischofsberg“, in der Inge *Konradi* die Ludovica verkörperte, und widmete der Künstlerin, die später vom Haus am Weghuberpark in das Haus am Ring übersiedelte, die Verse:

„Du hast gegeben, ich habe genommen,
den Gruß der Jungfrau von Bischofsberg:
Da ist mir das Alter davongeschwommen
im Zauberhain: es war Dein Werk.
Nahm ich zuviel, so, Schönste vergib,
Cupido war immer ein feuriger Dieb."

Ab 4. Juni 1942 stand auf den Theaterzetteln die Ermahnung: „Bei Fliegeralarm Ruhe bewahren! Es ist Vorsorge getroffen, daß alle Besucher Platz in den Luftschutzräumen finden." Und um Vorsorge zu treffen, daß das Burgtheater nicht abbrannte, wurden die Mitglieder in der Bekämpfung von Brandbomben ausgebildet. Im Falle Raoul Aslans spielte sich das so ab: Der Künstler fand sich auf dem Lusterboden des Hauses ein, und ein Vertreter des Reichsluftschutzbundes belehrte ihn: „Wenn eine Brandbombe einschlägt, ergreifen Sie als erstes einen Sandkübel und eine Feuerpatsche und schlagen mit der Patsche auf die Brandbombe ein." Darauf Aslan: „Ausgezeichnet! Und wer reicht mir die Patsche?"

Im Februar 1943 trat Heinz *Moog* in das Ensemble des Burgtheaters ein; gerade rechtzeitig, um am 20. Juni dieses Jahres die Feier aus Anlaß des fünfzigjährigen Burgtheaterjubiläums von Hedwig Bleibtreu mitzuerleben. Tief beeindruckt von dem festlichen Geschehen sagte Moog zu dem Regisseur Herbert *Waniek:* „Was ist hier in Wien ein Schauspieler!!! Wie wird er vom Publikum geliebt!!!" Worauf Waniek meinte: „Noch 49 Jahre und neun Monate, und dann sind Sie auch soweit!"

Moog debütierte am Burgtheater in dem Stück „Maximilian von Mexiko", dessen Verfasser ein gewisser Fritz *Helke* war. Wie für jeden neuengagierten

Schauspieler war auch für Moog das Vorhangverbot aufgehoben, doch verzichtete er auf die Ehre des Verbeugens, nachdem ihn Lothar Müthel belehrt hatte: „Sie können natürlich vor den Vorhang treten und sich verneigen, aber mit Ihnen wird der Autor des Stückes hinaustreten. Und der wird bestimmt eine Uniform tragen und dem Publikum mit erhobenem Arm danken. Und das werden Ihnen die Wiener dann nie vergessen."

Das Burgtheater, einst als deutsches Nationaltheater begründet, wurde immer mehr zum Nationaltheater einer noch nicht existenten, aber bereits im Entstehen begriffenen österreichischen Nation. Es spielte Grillparzer, Raimund und Nestroy, es spielte Hermann Bahrs Stelzhammerstück „Der Franzl", „Die Kreuzelschreiber" von Ludwig Anzengruber, „Brillanten aus Wien" von Curt von Lessen und Alexander Steinrecher, und es spielte Rudolf Oertels „Benedek", in dem sich mit Kaiser Franz Joseph an der Spitze, den Fred *Liewehr* verkörperte, fast die gesamte k. k. Generalität auf der Bühne tummelte. Die Frau des ersten Oberbürgermeisters von Wien, Hermann *Neubacher*, der nun deutscher Sonderbotschafter auf dem Balkan war, besuchte die Aufführung wiederholt und gab als Begründung an: „Wann i nur a österreichische Uniform seh, fang ich schon zum Blazen an..."

Am 4. Mai 1944 hatte Josef Wenters „Kaiserin Maria Theresia" Premiere. Die Titelrolle spielte Hedwig Bleibtreu, deren großer Friedensmonolog bei jeder

Aufführung mit so starkem Beifall bedacht wurde, daß Josef Goebbels seine Kürzung befahl. Den Sohn der Kaiserin, Josef II., verkörperte Fred Hennings. Betrat er im Kostüm des Kaisers die Bühne, begrüßten ihn die französischen Kriegsgefangenen, die an die Stelle der eingerückten Bühnenarbeiter getreten waren, mit einem freundlichen: „Bonsoir, Pepi deux!"

Wenters Stück war die letzte Premiere im Haus am Ring. Die letzte Aufführung dagegen war am 30. Juni „Gyges und sein Ring" von Friedrich Hebbel. Weil

BURGTHEATER

Freitag, den 30. Juni 1944

Gyges und sein Ring

Eine Tragödie in fünf Akten von Hebbel

Regie: Adolf Rott   Bühnenentwürfe: Stefan Hlawa

Kandaules, König von Lydien .	Raoul Aslan
Rhodope, seine Gemahlin . . .	Hedwig Pistorius
Gyges, ein Grieche	Horst Caspar
Lesbia } Sklavinnen	Ingeborg Fürst
Hero } Sklavinnen	Irmgard Mader
Thoas } Sklaven	Otto Schmöle
Karna } Sklaven	Reinhold Siegert

Die Handlung ist vorgeschichtlich und mythisch; sie ereignet sich innerhalb eines Zeitraums von zweimal vierundzwanzig Stunden

Kostüme: Charlotte Flemming

Nach dem 3. Akt eine größere Pause

Anfang 18 Uhr   Ende 21 Uhr

Das Publikum wird gebeten, sich vor Beginn der Vorstellung beim Erscheinen unserer verwundeten Frontsoldaten in der Mittelloge von den Plätzen zu erheben..

inzwischen der totale Krieg ausgerufen worden war, blieb das Burgtheater nach der Sommerpause des Jahres 1944 geschlossen, und am 12. April 1945 wurde es von Bomben getroffen und ging in Flammen auf. Damit ging in Erfüllung, was der Miterbauer des Burgtheaters, Gottfried Semper, einst nach der Fertigstellung des Gebäudes gesagt hatte: „Jedes Theater muß nach sechzig Jahren entweder umgebaut werden, oder es brennt ab . . .“

SECHSTES KAPITEL

Ich bin glücklich über diese Schwelle treten zu dürfen

ODER
DIE JAHRE DES EXILS

1945 – 1955

In den Apriltagen des Jahres 1945 stand Raoul Aslan vor dem rauchgeschwärzten Portal des Burgtheaters und sagte zu den Ensemblemitgliedern, die sich um ihn geschart hatten: „Wir haben uns hier versammelt, liebe Freunde und Kollegen, um gemeinsam neu anzufangen! Wir werden im Ronacher spielen. Dort ist das Glasdach zertrümmert, der Vorhang fehlt, auf der Bühne lagert eine halbe Tonne Filtrationswatte, und im Keller liegt ein Blindgänger. Aber sonst ist alles in Ordnung!"

Einer der anwesenden Schauspieler protestierte: „Was? Im Ronacher sollen wir spielen, wo die dressierten Hunde aufgetreten sind? Dort bin ich hingegangen, um mir die Ringkämpfe und das fesche Nummerngirl anzuschauen. In so einem Haus aufzutreten ist eine Zumutung!" Aslan wies ihn mit den Worten zurecht: „Die Burg ist dort, wo wir spielen! Sie lebt in ihren Künstlern und nicht in einem Bauwerk!"

Am 30. April war es soweit. An diesem Tage ging der Vorhang im Ronacher gleich zweimal auf. Man spielte, nachdem Raoul Aslan, der neue Direktor des Burgtheaters, eine Rede gehalten hatte, Grillparzers „Sappho". Doch wenige Minuten nachdem der Vorhang hochgegangen war, mußte er wieder fallen und das Spiel von neuem begonnen werden, weil der sowjetische Stadtkommandant mit Verspätung ins Theater gekommen war. In der Titelrolle brillierte Maria Eis. Nach der Vorstellung kam Rosa Albach-Retty in ihre Garderobe und beglückwünschte sie: „Du warst großartig! Hör auf den Beifall, er gilt vor allem dir!" Worauf die Eis nur meinte: „Ach Gott, Rosi, mir kracht der Magen. A Stückel Gselchtes wär mir lieber!"

Alle hungerten. Paul Hörbiger, der aus dem Wiener Landesgericht, wo er wegen seiner Widerstandstätigkeit inhaftiert gewesen war, an das Burgtheater zurückgekehrt war, trat im Akademietheater in Nestroys „Mädl aus der Vorstadt" wieder als Schnoferl auf, den er bereits vor seiner Verhaftung gespielt hatte. Als ihn Aslan fragte, welche Abendgage er verlange, erwiderte Hörbiger: „Bitt schön, einen Laib Brot pro Vorstellung."

Es mangelte nicht nur an Lebensmitteln. In Raoul Aslans Wohnung drang das Regenwasser, und er suchte vergeblich einen Handwerker, der den Schaden reparierte. Dementsprechend war er schlecht gelaunt, als er auf die Bühne des Burgtheaters kam, wo ihn eine lange Schlange von jungen Schauspielern erwartete, die sich zum Vorsprechen angemeldet hatten. Aslan maß die jungen Mimen mit einem langen Blick und sagte dann: „Alle wollen Sie Schauspieler werden! Und dabei gibt es keine Dachdecker!"

Auch Heinz *Fischer-Karwin,* der später bei Hörfunk und Fernsehen Karriere machte, wollte im Jahre 1945 Burgschauspieler werden. Versehen mit einem Empfehlungsschreiben sprach er bei Aslan vor, der ihm folgenden Bescheid gab: „Lieber Freund! Sie sind mir sehr empfohlen worden, und es besteht daher der begründete Verdacht, daß Sie begabt sind. Sollte sich dieser Verdacht durch ein Vorsprechen erhärten, müßte ich Sie eigentlich engagieren. Dafür habe ich aber wirklich kein Geld. Deshalb möchte ich Sie unter keinen Umständen kennenlernen. Adieu!"

Nicht viel besser als Heinz Fischer-Karwin erging es zunächst dem jungen Albin Skoda, dem Aslan am 1. September 1945 nach Salzburg einen Absagebrief schrieb, in dem es hieß: „Bei größter Hochschätzung ihrer künstlerischen Persönlichkeit sehe ich nämlich keine Möglichkeit, Sie gegenwärtig in den Kunstkörper des Burgtheaters einzubauen. Wie Sie wissen, spielt Fred Liewehr das Fach des ersten jugendlichen Helden, und auch im weiteren Umkreis der für Sie in Betracht kommenden Beschäftigung sind wir im Burgtheater für die eingeschränkten gegenwärtigen Verhältnisse nur allzureichlich versehen."

Nicht zuletzt auf Grund des Eingreifens von Egon *Hilbert,* dem neuen Leiter der Bundestheaterverwaltung, wurde Albin Skoda dennoch engagiert. Gleich in der ersten Saison spielte Skoda, den „in den Kunstkörper des Burgtheaters einzubauen" Aslan keine Möglichkeit gesehen hatte, folgende Rollen: Karl VII. in der „Jungfrau von Orleans“, Orin in „Trauer kleidet Elektra“, Franz Moor in den „Räubern“, Pedro de Miura im „Heiligen Experiment“ und die Titelrolle in „Hamlet“. Angesichts dieser intensiven Beschäftigung gab das Publikum dem Burgtheater im Ronacher bald einen einschlägigen Spitznamen: „Die Skoda-Werke“.

Neue Schauspieler kamen, und alte Ensemblemitglieder kehrten zurück. Else Wohlgemuth, die 1938 emigriert war, trat am 14. Dezember 1945 zum ersten Male wieder am Burgtheater auf, und zwar in einer Aufführung im Akademietheater. In dem Stück „Die andere Mutter“ der Ungarin Klara Bihary spielte sie die Titelrolle und wurde mit dreifachem Auftrittsapplaus bedacht. Beifall erscholl, als sie die Bühne betrat, und wiederholte sich, als sie Otto *Schmöle,* der einen Rechtsanwalt spielte, mit den Worten empfing: „Ich freue mich, Sie hier begrüßen zu können.“ Zum drittenmal klang Beifall auf, als Else Wohlgemuth mit den Worten antwortete: „Und ich bin glücklich, über diese Schwelle treten zu dürfen ...“

Auch Ernst Haeusserman, der in der amerikanischen Emigration seinen ursprünglichen Namen Häussermann um ein N verkürzt hatte, kam zurück und besuchte das Burgtheater im Ronacher, wo er Aslan bei einer Probe zu „Liebelei“ antraf und von ihm mit den Worten empfangen wurde: „Du bist etwas pausbäckig geworden, du willst doch hoffentlich nicht wieder am Burgtheater spielen, du hast doch eine schöne Stellung bei den Amerikanern!“ Nachdem Haeusserman erklärt hatte, daß er nicht spielen, aber ganz gerne inszenieren wolle, meinte Aslan: „Da habe ich eine Idee! Eine Kollegin hat mir ein dänisches Stück empfohlen und will darin die Hauptrolle spielen. Es ist ein sehr schlechtes Stück, und sie ist eine sehr schlechte Schauspielerin. Wenn du jetzt noch Regie führst, dann hätte ich sozusagen drei Fliegen auf einen Schlag."

Ernst *Lothar,* der vor dem Kriege am Burgtheater exemplarische Grillparzer-Inszenierungen geschaffen hatte, kehrte so wie Haeusserman in der Uniform der amerikanischen Besatzungsmacht nach Wien zurück und wurde von Egon Hilbert, der recht ungeniert in die ihm unterstehenden Theater hineinregierte, eingeladen, im Akademietheater Eugen O'Neills „Trauer muß Elektra tragen" zu inszenieren. Da er als Angehöriger der Besatzungsmacht nicht auf dem Theaterzettel erscheinen konnte, wurde statt ihm Karl Eidlitz als Regisseur genannt. Hans *Weigel,* der dieses Spiel durchschaute, schrieb daraufhin in seiner Rezension: „Der auf dem Zettel genannte Regisseur Karl Eidlitz war mit Ernst bei der Sache."

Ein Heimkehrer ganz anderer Art war Lothar Müthel, der bis 1945 die Geschicke des Burgtheaters geleitet hatte. Er lebte nun wieder in Deutschland und kam nach Wien, um am Theater in der Josefstadt zu inszenieren. In dem Hotel, in dem er abgestiegen war, wurde er vom Portier mit den Worten begrüßt: „Guten Morgen, Herr Repräsentant." Müthel fragte den freundlichen Mann, wie er denn zu dieser Anrede käme, worauf der Portier eine Zeitung hervorholte, in der unter einem Bild Müthels der Text stand: „Lothar Müthel, der Repräsentant des klassischen deutschen Dramas in Wien." Müthels Kommentar. „Da kommt man kaum in Wien an und ist schon mittendrin im Nestroy."

Auch Fritz *Kortner* kam nach Wien, besuchte das Burgtheater und sparte nicht mit bissigen Bemerkungen: „Wenn ich die Wiener Schauspieler erlebe, kommen mir die Münchner Schauspieler wie die ehemaligen Berliner Schauspieler vor." Und bei anderer Gelegenheit: „Theater gespielt wird überall schlecht, aber am Burgtheater sind sie noch stolz darauf."

Das Burgtheater und seine Mitglieder nahmen solchen Spott gelassen hin. Was das vielgeschmähte Haus für seine Schauspieler bedeutete, hat Oskar *Werner* einmal eindringlich geschildert. „Es ist schön", sagte er, „an einem Theater zu spielen, in dem es auf der dritten Galerie einen Billeteur gibt, der, wenn er die Karte prüft, ‚Gute Erbauung' wünscht."

Wie bekannt und beliebt ein Burgschauspieler in Wien in allen Schichten der Bevölkerung ist, erfuhr Oskar Werner auf drastische Weise. Er schlenderte eines Abends mit Freunden über die Kärntnerstraße und wurde von einer der Schönen der Nacht, die lächelnd an einer Hauswand lehnte, mit den Worten begrüßt: „Guten Abend, Herr Werner!“ Stolz sagte daraufhin Werner zu seinen Freunden: „Seht's, jetzt, wo mi sogar die Huren kennen, jetzt bin i berühmt!“

Die Zuneigung des Publikums fand ihren sichtbaren Ausdruck in ausverkauften Häusern. Besonders erfolgreich war eine Aufführung von Goethes „Iphigenie auf Tauris“ in einer Inszenierung von Raoul Aslan und einer Einrichtung von Richard Beer-Hofmann. Bei der Premiere am 14. Dezember 1948 war der Beifall so langanhaltend, daß schließlich der bereits heruntergelassene Eiserne Vorhang noch einmal hochgezogen werden mußte. Als man Aslan fragte, ob tatsächlich alle Aufführungen des Stückes stets ausverkauft seien, antwortete er: „Was heißt ausverkauft!?! Die Leute müssen mit Peitschen von der Kasse weggejagt werden!“

Friedrich *Torberg* bezeichnete zwar Raoul Aslan einmal als den „einzigen Père bonvivant der deutschen Bühne“, doch mit zunehmendem Alter wurden seine Textschwächen immer offensichtlicher und sein Umgang mit ihnen immer unbekümmerter. So betrat Aslan eines Tages die Bühne, ging vor bis zur Rampe und sagte, zum Souffleurkasten gewandt: „Heute laut und deutlich!“

Bei anderer Gelegenheit belehrte Aslan die Souffleuse: „Keine Details! Welches Stück?“

Eine Souffleuse, die Aslans Schwächen kannte, sagte vor Aufregung viel zu laut, so daß man es im ganzen Hause hören konnte: „Es ist Sonntag heute ...“ Darauf Aslan: „Wie wir hören, ist heute Sonntag ...“

„Die Faulheit", Figurine von Ernie Kniepert

Schwächen im Text waren kein Privileg Aslans. Rudolf *Forster,* der von 1947 bis 1952 am Burgtheater wirkte, erklärte einmal: „Ich habe mich von Jugend an an die Verse des Türmers in Faust Zwei gehalten und habe sie für mich variiert: ‚Zum Hängen geboren, zum Horchen bestellt, sprech ich einen Text, wie er mir gefällt.' Damit bin ich immer sehr gut ausgekommen."

Raoul Aslan erwies sich in allen Lebenlagen als ein Mann von souveränem Humor. Als ein ausländischer Botschafter in Wien einen Empfang für Bühnenkünstler gab, fragte ihn ein junger, eben erst angekommener Attaché: „Sind Sie auch vom Theater?" Aslan maß die versammelten Gäste mit einem langen Blick und sagte dann: „Die anderen, die sind auch vom Theater!"

Der jungen Lotte *Tobisch*, die ein wohlerzogenes Mädchen aus gutem Hause war, schenkte Aslan, der sehr fromm war, bald nach ihrem Eintritt in das Ensemble im Jahre 1945 einen Rosenkranz. Einige Zeit danach erschien die junge Schauspielerin bleich und übernächtig zur morgendlichen Probe und sagte entschuldigend: „Ich habe so schlecht geschlafen. Ich bin die ganze Nacht auf meinem Rosenkranz gelegen." Darauf Aslan: „Schon gut! Hoffentlich war es nicht der Güldenstern!"

Aslans getragene Sprechweise reizte zur Nachahmung. Besonders treffliche Imitationen lieferte Oskar Werner, dem Aslan eines Tages sagte: „Oskar, ich habe gehört, daß du mich so gut imitierst. Mach mir das doch einmal vor." Werner kam der Aufforderung nach, und als er geendet hatte, meinte Aslan: „Also weißt, Oskar, einer von uns beiden ist schlecht!"

Burgschauspieler spielten nicht nur am Burgtheater. Raoul Aslan gab bei den Salzburger Festspielen den Jacques in „Wie es euch gefällt" unter der Regie von Gustaf Gründgens. Die beiden verstanden sich schlecht, und Gründgens sagte schließlich: „Woran liegt es, daß wir alles so verschieden sehen?" Darauf Aslan: „Herr Gründgens! Ich bin aus Byzanz über Hellas und den Balkan nach Wien und von dort nach Salzburg gekommen. Sie, Sie kommen aus Düsseldorf!"

Die dreifache Belastung als Direktor, Regisseur und Schauspieler zehrte an Raoul Aslan, und dem damaligen Unterrichtsminister Dr. Felix *Hurdes* fiel die schwere Aufgabe zu, ihm die Beendigung der Direktionsgeschäfte nahezulegen. In diesem Sinne sagte Hurdes im Verlaufe eines längeren Gespräches: „Mein hochverehrter Herr Direktor, ich bedauere es, daß Ihre

Direktionstätigkeit Sie so stark in Anspruch nimmt, daß der Kammerschauspieler Raoul Aslan, der Meister unseres geliebten Hauses, nur noch so selten auf der Bühne des Burgtheaters zu sehen ist. Sollte man nicht darüber nachdenken ..." An dieser Stelle unterbrach ihn Aslan mit den Worten: „Oh, nein, Herr Minister! Ich bin Burgtheaterdirektor von Gottes Gnaden, und nur Gott der Herr kann mich von diesem Posten abberufen!"

Im März 1948 war es aber dann doch soweit: Raoul Aslan legte die Direktionsgeschäfte nieder. Da sein designierter Nachfolger, Josef *Gielen*, sein Amt erst im Oktober des gleichen Jahres antreten konnte, stand das Burgtheater wieder einmal wie so oft in seiner Geschichte im Zeichen eines Provisoriums. Erhard Buschbeck, seit dem Jahre 1918 am Hause tätig, erklärte sich bereit, während des Interregnums als interimistischer Direktor zu fungieren. Buschbeck, der

Bühnenbild von Lois Egg zu „Der Bauer als Millionär"

jederzeit Direktor des Hauses hätte werden können, hat in einem Aufsatz unter dem Titel „Wien und der Burgtheater-Direktor“ die Besonderheiten dieses von ihm nicht angestrebten Amtes treffend mit den Worten geschildert: „Es ist der schöne und das Theater wahrhaft auszeichnende Zug, daß die Wiener als Burgtheaterdirektoren auf die Welt kommen oder zumindest doch in der Vorstellung aufwachsen, mit ihnen wäre der einzig richtige Burgtheaterdirektor geboren. Während in Paris kaum jemand weiß, wer der Leiter der Comédie Française ist, und ihn schon gar nicht um dieses sorgenvolle Amt beneidet, ist der jeweilige Burgtheaterdirektor eine populäre Persönlichkeit, dem jeder Wiener gerne alle nur möglichen Freundlichkeiten erweist, um ihn nicht merken zu lassen, daß man ihn für den unrichtigen hält.“

Buschbeck war ein erfahrener Theaterpraktiker, den nichts aus der Ruhe zu bringen vermochte. Einmal rief er, nach der plötzlichen Erkrankung einer Schauspielerin, Dorothea *Neff*, die am Volkstheater engagiert war, an und fragte sie, ob sie nicht am Burgtheater die Marthe Schwerdtlein spielen wolle. „Gerne“, antwortete die Schauspielerin, „wann wäre denn das?“ Darauf Buschbeck: „Etwa in einer halben Stunde. Auerbachs Keller spielen wir schon.“

Wie sehr Buschbeck immer und überall in Kategorien des Theaters dachte, bewies die Antwort, die er nach einem Rombesuch auf die Frage gab, ob ihn die Audienz beim Heiligen Vater beeindruckt habe. Buschbecks Urteil über Pius XII.: „Der seltene Fall einer idealen Besetzung.“

Daß auch die Vorstellung Buschbecks von dem, was am Theater alles möglich und nicht möglich ist, ihre

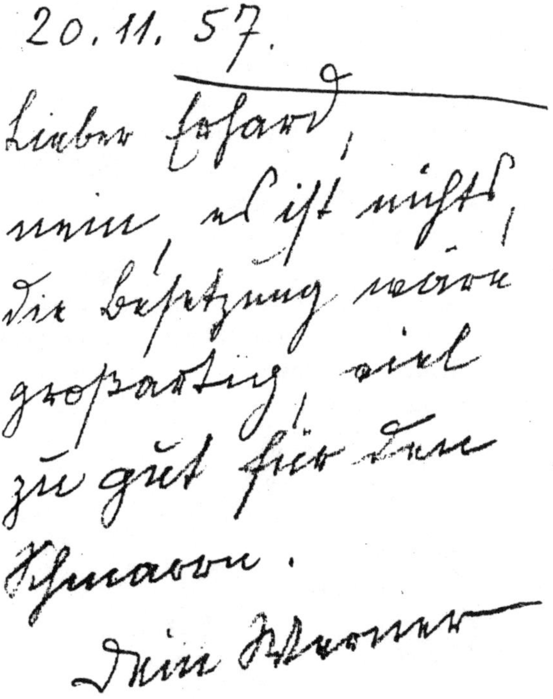
20.11.57.
Lieber Erhard,
nein, es ist nichts,
die Besetzung wäre
großartig viel
zu gut für den
Schmarrn.
Dein Werner

Werner Krauss an Erhard Buschbeck

Grenzen hatte, bewies sein Ausspruch: „An dem Tag, an dem sie im Burgtheater einen Bunten Abend geben, gehe ich in Pension!"

Am 16. Oktober 1948 trat Josef Gielen sein Amt an, und wenige Tage danach flog ein Ensemble des Burgtheaters mit Raoul Aslan an der Spitze auf Einladung der „Gesellschaft zur Pflege der kulturellen und wirtschaftlichen Beziehungen zur Sowjetunion" nach Moskau. Anlaß des Gastspieles war die Fünfzigjahrfeier des Moskauer Künstlertheaters. Aslan hatte einen Besuch des Lenin-Mausoleums aus weltanschaulichen Gründen abgelehnt, dafür aber die Teilnahme an einem katholischen Gottesdienst erbeten, was er mit den Worten begründete: „Ich bin nämlich ein gläubiger Christ." – „Ausgezeichnet", erwiderte ein Sowjetfunktionär, „dann sind wir uns einig, Herr Aslan. Jesus Christus war ja der erste Kommunist." Darauf Aslan: „Gewiß. Und wenn Sie mir jetzt noch zugeben, daß er Gottes Sohn war, bin ich der Ihre."

Unter Josef Gielen, von dem es mit Recht hieß, er sei „der anonymste Burgtheaterdirektor, den Wien je gesehen hat", wurden viele bedeutende Engagements getätigt. Werner *Krauss*, der dem Hause bereits einmal

angehört hatte, nach 1945 aber wegen seiner Mitwirkung in dem antisemitischen Tendenzfilm „Jud Süß" mit Berufsverbot belegt war, kehrte 1948 zurück und sagte bei dieser Gelegenheit zu seinem jungen Kollegen Heinrich *Schweiger:* „Es gibt ein dreifaches Unglück im Leben eines Schauspielers: Wenn er ans Burgtheater kommt, wenn er es verläßt und wenn er wiederkommt."

Stefan *Hlawa*, der bereits im Jahre 1931 und dann von 1938 bis 1945 dem Burgtheater angehört hatte, kehrte 1949 an das Haus zurück. Er war nicht nur ein einfallsreicher Bühnenbildner, sondern auch ein begabter Gelegenheitsdichter, dem u. a. einer der kürzesten Schüttelreime zu verdanken ist, der je geschaffen wurde:

„Du bist
Buddhist."

Von zeitloser Gültigkeit ist ein anderer Schüttelreim Hlawas:

„Wir wünschen eine heile Welt,
die wieder eine Weile hält."

Auch die Kunst des Wortspieles beherrschte Hlawa. Als man ihm eine Abbildung der Akademie der Künste zeigte, die Theophil Hansen für Griechenlands Hauptstadt geschaffen hatte, meinte er:

„Das nenn ich Säulen nach Athen tragen ..."

Bertold *Viertel,* der die Emigrationsjahre in Amerika verbracht hatte, feierte im Jänner 1949 mit der „Glasmenagerie" von Tennessee Williams sein Regiedebüt am Akademietheater. Teo *Otto,* der die Bühnenbilder entworfen hatte, gab in seinem Buch „Meine Szene" unter dem Titel „Die Generalprobe des Bertold Viertel" die Pausengespräche wieder: „Was halten Sie von dieser Inszenierung? Was von diesem Ausfuhr-Amerikaner? Na ja, ein Viertel Reinhardt gespritzt..."

Berthold Viertel

Die Spannweite der Viertelschen Inszenierungen reichte von Tennessee Williams bis William Shakespeare, und manche seiner Klassikerinszenierungen wurden in Nachmittagsvorstellungen zu ermäßigten Preisen gegeben, was Curd *Jürgens* einmal zu der Feststellung veranlaßte: „Heute spiele ich in einer Viertel-Vorstellung zu halben Preisen."

Eines der letzten Engagements der Ära Gielen war die Verpflichtung Albert *Rueprechts,* der im Jahre 1954 ans Burgtheater kam. Josef Gielen hatte ihn im Bürgertheater gesehen und mit den Worten engagiert: „Wenn einer so brüllen kann, dann gehört er ans Burgtheater ..."

Josef Gielen legte am 26. Juni 1954 die Amtsgeschäfte nieder, die Spanne bis zum 1. September überbrückte wieder einmal Erhard Buschbeck als interimistischer Leiter, und mit Beginn der Spielzeit 1954/55 wurde der Regisseur Adolf *Rott* neuer Burgtheaterdirektor. Seiner Berufung war eine hektische Direktorensuche vorangegangen, in deren Verlauf u. a. die Namen von Friedrich Schreyvogl, Ernst Lothar, Alexander Lernet-Holenia, Rudolf Henz, Leopold Lindtberg, Heinz Hilpert und Oskar Wälterlin genannt worden waren. Sogar Bundeskanzler Julius Raab hatte sich in das Nachfolgespiel eingemischt und ließ durch Dompfarrer Dorr bei Fred Hennings anfragen, ob dieser Burgtheaterdirektor werden möchte. Hennings antwortete dem befreundeten Priester: „Ich bedanke mich beim Herrn Bundeskanzler und lasse ihn fragen, was ich ihm getan habe, daß er mir so etwas Schlechtes wünscht."

Noch drastischer äußerte sich Carl *Zuckmayer,* der jedesmal, wenn ein neuer Leiter des Hauses gesucht wurde, zur Debatte stand: „Burgtheaterdirektor? Lieber mit dem nackten Hintern in einen Ameisenhaufen!"

Friedrich *Schreyvogl,* der gehofft hatte, mit der Leitung des Hauses betraut zu werden, wurde nur Vizedirektor mit vage formulierten Kompetenzen. Das Verhältnis zwischen dem Direktor und seinem Vize war einigermaßen gespannt; so erklärte Rott einmal: „Ich weiß nicht, wann immer ich im Burgtheater am Telefon null wähle, meldet sich der Schreyvogl."

Solcher Spott prallte an Schreyvogl ab, denn er war ein Mann von beachtlichem Selbstbewußtsein, der in einer Steuererklärung einmal in die Rubrik „Betriebsvermögen“ geschrieben hatte: „Ein Gehirn.“

Rott seinerseits war ein alter Theaterpraktiker, der bereits im Jahre 1937 erstmals am Burgtheater Regie geführt hatte und der vom Kritiker Otto Basil für seine „Ro-Ro-Ro-Inszenierungen“ gepriesen wurde: „Rotts-Rotations-Ronacherbühne“.

Weniger gnädig äußerte sich Hans Weigel, der nach einer Inszenierung Rotts von „Cyrano von Bergerac“ gedichtet hatte:

„Das sind die Gascogner Kadetten
Ganz frisch aus dem Kastel von Rott
Sie poltern und lärmen, als hätten
Sie Brausepulvertabletten
Geschluckt, das ist eine Metten
Im Stil Anno Schnee, gnad' uns Gott!“

Rott stand auch an der Wiege des sogenannten „Singenden Burgtheaters“. Zusammen mit dem Bühnenbildner Walter Hoesslin und dem Dirigenten Anton Paulik schuf er in der Volksoper hinreißende Operetteninszenierungen, in denen einige Mitglieder des Burgtheaters mit Fred Liewehr an der Spitze mitwirkten. Rott ließ auch in der Volksoper die Drehbühne rotieren und war so voller Einfälle, daß die Mitglieder des Hauses schließlich grollten: „Wenn der Rott an Zirkus machen will, dann soll er das im Burgtheater probieren. Mir san a ernsthaftes Kunstinstitut!“

Der rastlosen Energie Rotts war es nicht zuletzt zu danken, daß im Herbst 1955 das wiederaufgebaute Burgtheater noch vor der ebenfalls wiederhergestellten

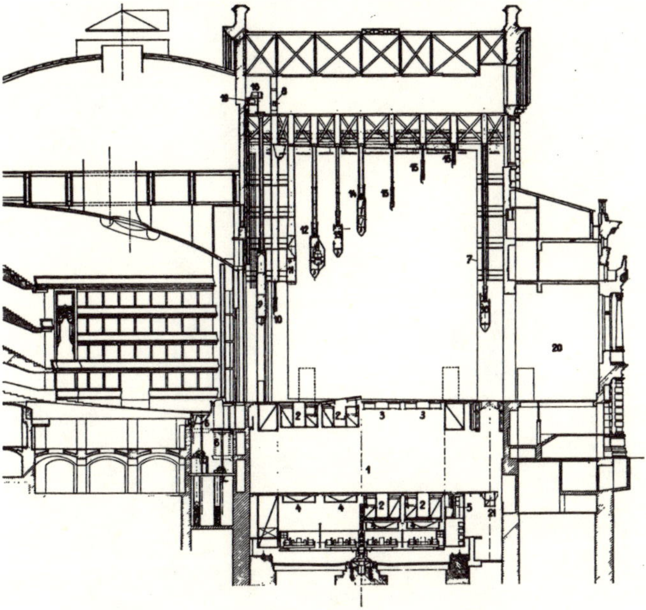

Längsschnitt durch das neue Bühnenhaus

Staatsoper eröffnet wurde. Man hatte aber nicht nur rasch, sondern auch sparsam gebaut. Wenige Tage vor der feierlichen Eröffnung am 14. Oktober besichtigte Heinz Fischer-Karwin zusammen mit Professor Michael *Engelhardt*, dem Architekten des Wiederaufbaus, das Burgtheater. Bei einer Säule blieb Fischer-Karwin stehen und fragte: „Und von wo ist dieser schöne Marmor?“ Engelhardt antwortete: „Dieser schöne Marmor ist aus Gips …“

SIEBTES KAPITEL

Jetzt auf amal soll'n ma schlecht sein?

ODER DIE KRISE VOR VOLLEM HAUS

1955 – 1986

Am 14. Oktober 1955, auf den Tag genau 67 Jahre nach der seinerzeitigen Eröffnung, wurde das Burgtheater mit einem Festakt wiedereröffnet, in dessen Verlauf der Direktor des Hauses, Adolf Rott, eine Ansprache hielt, in der er u. a. sagte: „Ich weiß, daß dieses Ensemble, das hinter mir steht, keine leichte Aufgabe ist. Und ein amerikanischer Reporter, der mich vor ein paar Tagen fragte, wie ich mit diesem Ensemble fertig würde, sagte mir: ‚Es gibt augenblicklich nur einen Sessel in der Welt, der so exponiert und so gefährlich ist wie der Ihre – das ist der des französischen Ministerpräsidenten.' Ich muß Ihnen sagen, meine Damen und Herren, ich habe diese Gefahr sehr gerne ..."

An Selbstbewußtsein mangelte es Adolf Rott jedenfalls nicht. In einer Unterredung mit dem Schriftsteller Walter *Lieblein,* dessen Bearbeitung der „Brüder Kara-

EIN VOLK – EINE STADT – EIN THEATER · 1955

Adolf Rott

masow" nach Dostojewski allerdings erst unter Ernst Haeusserman am Burgtheater aufgeführt wurde, hatte dieser einmal erklärt: „Vor Ihnen, Herr Direktor Rott, steht der größte Dramatiker aller Zeiten!" Worauf Rott ungerührt entgegnete: „Und vor Ihnen, Herr Lieblein, steht der größte Burgtheaterdirektor aller Zeiten!"

Die Wiedereröffnung des Burgtheaters stand im Zeichen von insgesamt sieben Premieren, die sich bis in den Jänner 1956 hinein erstreckten. In diesem Premierenreigen, der am 14. Oktober mit „König Ottokars Glück und Ende" begann und am darauffolgenden Tag mit „Don Carlos" fortgesetzt wurde, war die zeitgenössische Kunst durch John Priestleys „Schafft den Narren fort" vertreten. Der Autor kam aus diesem festlichen Anlaß nach Wien, besichtigte das wiederhergestellte Haus und fragte beim Anblick der gewaltigen Maschinerie der Unterbühne: „Ist das ein Schlachtschiff?" – „Nein", belehrte man ihn, „das ist die neue

Drehzylinderbühne, die unser Technischer Direktor, Sepp Nordegg, gebaut hat." Darauf Priestley: „Geben Sie nur acht, daß nicht doch noch ein Schlachtschiff daraus wird!"

Ferdinand Raimund war in der Kette der Premieren zur Wiedereröffnung durch den „Verschwender" mit Fred Liewehr in der Titelrolle des Flotwells vertreten. Dabei kam es in einer der Folgeaufführungen zu einer vielbelachten Panne. Der jüngste Sohn Valentins, der kleine Pepi, hatte, nachdem alle seine Geschwister dem Flotwell bereits die Hand geküßt hatten, zu sagen: „Euer Gnaden, bitte Pepi auch Hand küssen." Dem Knaben fiel aber sein Text nicht ein, worauf Liewehr, um ihm zu helfen, improvisierte und fragte: „Nun, mein Kleiner, wie heißt du denn?" Strahlend kam darauf die Antwort: „Zelinka!"

Hedwig Bleibtreu, die 1893, also 62 Jahre vor der Wiedereröffnung des Hauses, ans Burgtheater gekommen war, sprach vor der Ottokar-Vorstellung am Eröffnungstag Schillers „Prolog zur Wiedereröffnung der Schaubühne in Weimar". Ernst Hagen interviewte sie aus diesem Anlaß, und die Bleibtreu erzählte: „Meine erste Rolle am Burgtheater war die Maria Stuart, und in der war ich schlecht. Dann habe ich die Medea gespielt, und da war ich auch schlecht. Meine dritte Rolle war die Iphigenie, und da war ich leider auch nicht gut." Verwundert fragte Ernst Hagen: „Ja, wie sind Sie denn dann die berühmte Bleibtreu geworden?" – „Mein Gott", erwiderte die Mimin, „die Leute gewöhnen sich halt an einen."

Aus Anlaß der Wiedereröffnung kamen Glückwünsche aus aller Welt. Der schönste und kürzeste stammte von Franz Theodor Csokor und lautete: „Die

BURGTHEATER

Sonntag, den 16. Oktober 1955

FESTLICHE WIEDERERÖFFNUNG

1. Abend

Nur für geladene Gäste

Prolog zur Wiedereröffnung der Schaubühne in Weimar von Schiller, gesprochen von Hedwig Bleibtreu

Neu einstudiert und in Szene gesetzt:

König Ottokars Glück und Ende

Trauerspiel in fünf Aufzügen von Grillparzer

Primislaus Ottokar, König von Böhmen	Ewald Balser
Margarete von Österreich, Witwe Heinrichs von Hohenstaufen, seine Gemahlin	Liselotte Schreiner
Benesch von Dieditz (die Rosenberge)	Heinz Moog
Milota (die Rosenberge)	Otto Schmöle
Zawisch (die Rosenberge)	Albin Skoda
Berta, Beneschs Tochter	Lona Dubois
Braun von Olmütz, des Königs Kanzler	Alfred Neugebauer
Bela, König von Ungarn	Franz Höbling
Kunigunde von Massovien, seine Enkelin	Judith Holzmeister
Rudolf von Habsburg	Attila Hörbiger
Friedrich Zollern, Burggraf von Nürnberg	Fred Liewehr
Heinrich von Lichtenstein	Eduard Volters
Der alte Merenberg (steierische Ritter)	Felix Steinböck
Seyfried Merenberg (steierische Ritter)	Albert Rueprecht
Friedrich Pettauer (steierische Ritter)	Walter Stumvoll
Herbott von Füllenstein	Michael Janisch
Paltram Vatzo, Bürgermeister von Wien	Hermann Wawra
Ottokar von Horneck	Raoul Aslan
Der Bürgermeister von Prag	Julius Karsten
Der Kanzler des Erzbischofs von Mainz	Otto Treßler
Ein Abgesandter der deutschen Wahlversammlung	Franz Herterich
Ein kaiserlicher Herold	Otto Kerry
Schweizer Soldat	Helmuth Krauß
Ein Bürger	Karl Schraml
Katharina Fröhlich	Maria Jezel
Katharina Fröhlichs Mutter	Margarethe Dux
Elisabeth, Margaretens Kammerfrau	Lilly Karoly
Ein Kammerfräulein Kunigundens	Erika Berghöfer
Ein Diener Ottokars	Karl Friedl
Zweiter Diener Ottokars	Fritz Horn

Regie: Adolf Rott
Bühnenbilder: Fritz Judtmann
Kostüme: Elli Rolf
Technische Einrichtung: Sepp Nordegg
Projektionen: Alfred Gabel
Musik von Hans Totzauer

Nach dem fünften Bild eine größere Pause

Anfang 19 Uhr — Ende 22.30 Uhr

Montag, 17. Oktober. Festliche Wiedereröffnung. 1. Abend: Öffentliche Festpremiere: König Ottokars Glück und Ende

Welt ging zwischen 1918 und 1945 zweimal aus den Fugen. Das Burgtheater nicht!"

Nachdem das Fest vorüber war, kam der Alltag und mit ihm die Kritik. Käthe Dorsch ärgerte sich über das, was Hans Weigel schrieb, so sehr, daß sie sich zu Handlungen hinreißen ließ, die in einem Urteil des Strafbezirksgerichtes Wien vom 7. Juni 1956 folgendermaßen definiert wurden: „Die Beschuldigte Käthe Dorsch-Liedtke, geb. am 29. Dezember 1890 in Neumarkt in der Oberpfalz, Schauspielerin, wohnhaft in Kammer Schörfling a. Attersee Nr. 138, dzt. in Wien I, Friedrich-Schmidt-Platz Nr. 4, ist schuldig, am 13. April 1956 in Wien I, Ecke Volksgartenstraße und Museumsstraße öffentlich und vor mehreren Leuten den Privatankläger Hans Weigel 1. durch zwei Ohrfeigen tätlich mißhandelt und 2. durch die Äußerungen ‚Dreckkerl' und ‚Dreckfink' ohne Anführung bestimmter Tatsachen verächtlicher Eigenschaften und Gesinnungen geziehen zu haben. Die Beschuldigte Käthe Dorsch-Liedtke hat hiedurch begangen die Übertretung der Ehrenbeleidigungen ad 1.) die Übertretung nach § 496 StG. ad 2.) die Übertretung nach § 491 StG. und wird hiefür gem. § 493 StG. unter Anwendung der §§ 261, 266, 267 StG. zu einer Geldstrafe von S 500,- im NEF 3 Tagen Arrest sowie gem. § 389 StPO. zum Ersatze der Kosten des Strafverfahrens verurteilt."

Höhepunkt des Prozesses, in dem der Privatankläger Hans Weigel durch den späteren Justizminister Christian Broda vertreten wurde, war die Zeugenaussage von Raoul Aslan, der mit edlem Pathos erklärte: „Ich fordere die Todesstrafe für Hans Weigel! Denn: Freiheit ist Unterwerfung unter das Gesetz. Frechheit ist dagegen die Überschreitung der Freiheit. Und die hat Weigel begangen. Wien hat vier Wahrzeichen: Den

Stephansdom, das Burgtheater, die Staatsoper und die Universität. Wer eines von ihnen verhöhnt, muß entfernt werden!“

Zwei der Hauptakteure überlebten den Prozeß nicht lange. Käthe Dorsch starb im Dezember 1957 in Wien. Zwei Monate vor ihrem Tode hatte sie noch bei einem Gastspiel des Burgtheaters in Berlin die Elisabeth in Schillers „Maria Stuart“ gespielt. Auf dem Rückflug von diesem Gastspiel sagte die bereits vom Tod gezeichnete Künstlerin zu Heinz Fischer-Karwin, der das Ensemble begleitet hatte: „Jetzt weiß ich, wie man den letzten Akt spielt . . .“

Wenige Monate danach, im Juni 1958, starb Raoul Aslan in der Villa Böhler am Attersee. Kurz vor seinem Tode hatte ihn Adolf Rott noch besucht und bei einem abendlichen Spaziergang zu ihm gesagt: „Raoul, hörst du, wie schön die Nachtigallen singen?“ Und Aslan hatte geantwortet: „Ich höre sie nicht, aber ich fühle sie . . .“

Weder die Ohrfeigen der Dorsch noch Aslans Verlangen nach Anwendung der Todesstrafe hatten Hans Weigel zu beirren vermocht. Er schrieb, wenn er es für nötig erachtete, weiterhin so schlecht über das Burgtheater, daß sich schließlich das Personal des Hauses in einer Resolution gegen seine Rezensionen verwahrte. Weigel veröffentlichte daraufhin nach einer Aufführung von Shakespeares „Maß für Maß“ im „Bild-Telegraf“ folgende „Kritik“: „Die Wiener Reichsbühne in der Burg ließ Samstag Zuschauer und Berichterstatter antreten, um ihnen wieder einmal den Hochstand der Reichsbühnenspielschar vorzuführen. Nach Absingen der Hymne ‚Eine feste Burg ist unser Rott‘ hatten die Berichter und Kunstbetrachter ihre Maßstäbe in der

Kleiderablage abzugeben. Im Sinne der von der Reichsbühnenspielschar kürzlich ausgegebenen Richtlinien wurde ihnen eingeschärft, jedes zersetzend böswillige Meckern und Miesmachen gegen die unter Denkmalschutz gestellten Kulturkammerspieler und -spielerinnen bei Strafe körperlicher Züchtigung (im Wiederholungsfall Ausbürgerung) zu unterlassen. Als kunstbetrachtender Schriftleiter dieses Blattes erfülle ich freudig die mir anbefohlene freiwillige Pflicht: Attila Hörbiger war ausgezeichnet. Auch die Leistung Albin Skodas war eine ausgezeichnete. Walther Reyer war herrlich. Auch die Leistung Fred Liewehrs war eine herrliche. Felix Steinböck war großartig. Hans Thimig war schlechthin vollendet. Hermann Thimig war unübertrefflich. Otto Schmöle war überragend. Auch die Leistung Richard Eybners war eine überragende. Franz Böheim war meisterhaft. Michael Janisch war wundervoll. Auch die Leistung Alfred Neugebauers war eine wundervolle. Gandolf Buschbeck war hinreißend. Michael Tellering war einzigartig. Fritz Horn war göttlich. Annemarie Düringer war außerordentlich. Elisabeth Höbarth war vorbildlich. Erika Berghöfer war zauberhaft. Elisabeth Kallina war sehr, sehr gut. Dagny Servaes war gleichfalls sehr, sehr gut. Die Spielleitung Leopold Lindtbergs war eine außerordentlich gute. Die Bühnenbilder Teo Ottos waren gleichfalls außerordentlich gut. Zuschauer und Zuschauerinnen huldigten pflichtschuldigst den Schauspielern."

Hans Weigel war nicht der einzige, der das Burgtheater kritisierte. Alexander Lernet-Holenia, selbst Burgtheaterautor, Präsident des Österreichischen PEN-Clubs und sozusagen der Doyen der heimischen Literatur, veröffentlichte im Sommer 1956 im „Forum" unter dem Titel „Ein Haus demoliert sich selbst" einige „Bemerkungen zur latenten Krise des Burgtheaters", in

denen es u. a. hieß: „Als Rott die Direktion des Burgtheaters übernommen hatte, wurde man auch noch nach einem halben, ja einem ganzen Jahre aufgefordert, Geduld zu haben, er habe zu viele noch von Aslan und Gielen eingegangene Verpflichtungen mit übernehmen müssen. Aber wie das Berliner Stubenmädchen im Dritten Reich sagte: ‚Nu bin ich schon seit zwei Jahren 'ne Arierin, und es ist noch immer nich besser jeworden', so ist auch Rott jetzt schon seit zwei Jahren Direktor – von seinem Mitdirektor Schreyvogl ganz zu schweigen –, und eine sonderliche Besserung ist nicht zu merken."

Im Gegensatz zu anderen Kritikern war Lernet-Holenia wenigstens ehrlich genug einzugestehen, daß er auch nicht wüßte, wie man es besser machen könnte und schrieb: „Was wirklich zu tun sein möchte – wir gestehen's offen -, wissen wir nicht. Zudem könnte man mit einem konkreten Ratschlag in ein schönes Wespennest stechen. Es ist auch nicht unsere Aufgabe zu raten. Es ist jedoch unsere Pflicht, auf die bestehenden Übelstände hinzuweisen ..."

Adolf Rott wich schließlich der ständigen Kritik, und mit Beginn der Spielzeit 1959/60 wurde Ernst Haeusserman sein Nachfolger. Christian Broda, der wie so viele andere Persönlichkeiten des kulturellen Wiens auch Haeusserman rechtsfreundlich vertrat, studierte den Bühnendienstvertrag, den die Bundestheaterverwaltung dem neuen Herrn am Ring ausgestellt hatte, sorgfältig und meinte dann: „Danach sind Sie wahrscheinlich vieles, aber sicherlich nicht Burgtheaterdirektor."

Bühnenbild von Willi Bahner zu „Ein treuer Diener seines Herrn"

Haeusserman ging dennoch unverzagt ans Werk, wobei er sich nicht zuletzt auf Erhard Buschbeck stützen konnte, der dem Burgtheater seit vierzig Jahren angehörte und dessen dreizehnter und zugleich auch letzter Direktor Haeusserman war. Kaum war der neue Herr ins Haus am Ring eingezogen, als er auch schon zu Buschbeck kam, um ihn um Rat zu fragen: „Eine meiner engsten Mitarbeiterinnen hat mir ganz einfach den Telefonhörer hingeschmissen. Was macht man in so einem Fall, Herr Professor?" Buschbeck nahm einen langen Zug aus seiner Virginia und antwortete schlicht: „Gar nix!"

Hans Weigel, der ein imaginäres „Institut für die vorläufige Protokollierung der wichtigeren Mißgriffe und Verstöße Ernst Haeussermans" gegründet hatte, verkündete nach dem Amtsantritt des neuen Direktors: „Den Untergang des Burgtheaters unter seiner Leitung zu prophezeien wäre unfair. Ihn zu befürchten ist patriotische Pflicht."

Das Burgtheater ging aber nicht unter, sondern hatte zunächst einmal allen Grund zu feiern, denn im Juni 1959 beging Alma Seidler ihr vierzigjähriges Jubiläum und erklärte, nachdem man ihr auf offener Bühne gratuliert hatte, mit schöner Offenheit: „Unser Direktor hat ganz zart angedeutet, daß er mich für teppert hält. Teppert hauptsächlich deshalb, weil ich immer am Burgtheater bin. Wo er recht hat, hat er recht. Wenn ich auch von noch weiter her wäre als von

Leoben, in welchem schönen Land, in welcher schönen Stadt, an welchem schönen Theater in der Welt ich auch gewesen wäre, ich hätte nur eine Sehnsucht gehabt: Wien, und nur ein Gebet: am Burgtheater sein zu dürfen."

Im November 1959 wurde dann neuerlich gefeiert: Josef *Meinrad* erhielt den von Werner Krauss testamentarisch vermachten Ifflandring. Die Entscheidung erweckte zunächst Staunen, eine Münchener Zeitung schrieb: „Iffland-Tiefland" und in Wien witzelte man, Werner Krauss habe auf dem Sterbebett eigentlich gesagt: „Mein Rat ist . . ."

Meinrad war aber ein würdiger Träger des Ringes und nahm diese einmalige Auszeichnung so ernst, daß er fortan verzichtete, in Unterhaltungsfilmen aufzutreten. Damit verzichtete er auf beträchtliche Ein-

nahmen, was ihn zu dem Ausspruch veranlaßte: „Dieser Ifflandring ist der teuerste Ring, den ich je bekommen habe."

An Ehrungen für Schauspieler fehlte es in Wien nie. Heidemarie *Hatheyer* kam im Jahre 1960 ans Burgtheater und erhielt gleich nach ihrer ersten Spielzeit die Kainzmedaille. Nach der feierlichen Überreichung im Wiener Rathaus sagte sie: „Es ist viel lustiger als bei einer Beerdigung, weil man noch mit dabeisein kann."

Es gab auch immer Anlaß zum Feiern. Im Jahre 1961 schied Otto Tressler aus dem Ensemble aus, nachdem er noch das außergewöhnliche Jubiläum der 65jährigen Zugehörigkeit zum Burgtheater begangen hatte. Kurz zuvor war er noch ernstlich erkrankt, bald darauf jedoch wieder im Theater erschienen, wobei er erklärte: „Ich habe drei Wochen lang versucht zu sterben – jetzt geb ich's auf!"

Im Alter von 92 Jahren ging Tressler noch auf den Opernball, und zwar ohne seine Frau, die dazu meinte: „Ach, wissen Sie, die Männer müssen sich ab und zu auch einmal austoben."

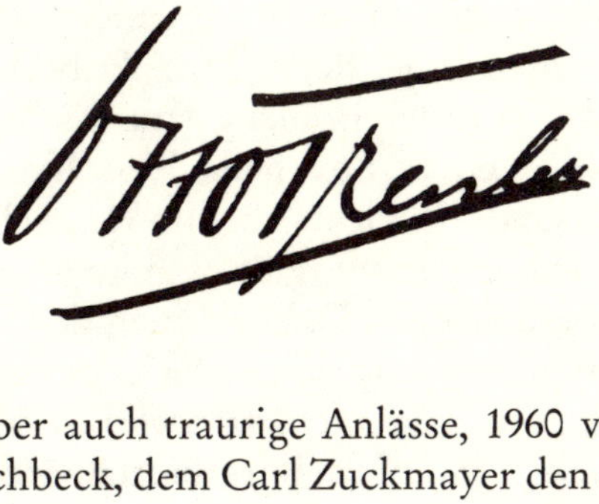

Es gab aber auch traurige Anlässe, 1960 verschied Erhard Buschbeck, dem Carl Zuckmayer den schönen Nachruf widmete:

„Im Grund war er ein Dichter, der ‚wortlos'
dichtete –
und fast empfinde ich eine Spur von Neid:
welcher Dichter kann sich das leisten . . .?
Aber wir wissen ja doch alle, so wir ehrlich sind,
daß unsere schönsten Gedichte die ungeschriebenen sind,
die mit uns in die Grube fahren und – vielleicht –
mit uns auferstehen am Jüngsten Tag . . ."

Eine der ersten Premieren der Direktion Haeusserman war das Moderne Mysterienspiel „Donnerstag" von Fritz *Hochwälder,* der ursprünglich Tapeziererlehrling in Wien gewesen und nach 1934 in die Schweiz emigriert war. Wie bei vielen Autoren üblich, stand Hochwälder auf den Proben herum und machte Schauspieler und Regisseur mit seinen Anmerkungen nervös, bis ihn Haeusserman mit den Worten zurechtwies: „Hochwälder, Sie sind der zweitlästigste Tapezierer, den Österreich je hervorgebracht hat!"

Ebenfalls in der ersten Spielzeit der Ära Haeusserman kam Boy *Gobert* ans Burgtheater. Er debütierte in den „Besessenen", einem Stück, das Albert Camus nach dem Roman „Die Dämonen" von Dostojewski geschrieben hatte. Nach der Premiere schrieb Friedrich Torberg in seiner Rezension: „Dabei hatte es Herr Gobert von vornherein nicht ganz leicht, schon deshalb nicht, weil er Boy heißt, was hierzulande ein wenig befremdlich wirkt. Aber im Deutschländischen, von wannen er kömmt, gibt es ja auch einen Akteur namens Bum Krüger. Das darf man denen dort nicht übelnehmen und darf sich nicht immer auf jene lang vergangenen Tage berufen, da noch Boy Mitterwurzer und Bum Sonnenthal am Burgtheater wirkten. Die Zeiten ändern sich . . ."

Dostojewski kam unter Haeusserman noch einmal zu Burgtheaterehren, denn er führte auch Walter Liebleins Dramatisierung der „Brüder Karamasow“ auf, über die bereits Adolf Rott verhandelt hatte. Wie sein Vorgänger hatte auch Haeusserman Schwierigkeiten mit dem selbstbewußten Dramatiker, dessen eigentlicher Beruf Südfrüchtehändler war. Als ihm Lieblein vorwarf, er habe eine Unterredung ganz einfach vergessen, erwiderte Haeusserman: „Das stimmt nicht. Ich erinnere mich an das Gespräch ganz genau. Es war am 24. Dezember, und Sie haben mir ein Paket Feigen als Geschenk mitgebracht.“ Empört fuhr ihn Lieblein an: „Es waren Datteln! Und genauso lesen Sie meine Stücke!“

Haeusserman und „Das 75jährige Jubiläum“

Adolf Rott war als Direktor gegangen und als Regisseur geblieben. Als er im Jahre 1962 Schnitzlers „Jungen Medardus“ inszenierte, gab es bei der Premiere im Stehparterre viel Gekicher, weil der große goldene Lorbeerkranz, der über der Bühne hing und ein Zeitsymbol sein sollte, unentwegt wackelte. Der Aufsichtsbeamte erschien daraufhin in der Pause beim Direktor und fragte, ob der diensttuende Kriminalbeamte im Falle erneuter Heiterkeit nach Hochgehen des Vorhanges einschreiten solle. Haeusserman meinte aber, daß auch das Burgtheater eine Demokratie sei und jeder lachen dürfe, wann er wolle. Daraufhin begab sich der Aufsichtsbeamte ins Stehparterre und verkündete: „Also meine Herrschaften, der Herr Direktor hat gesagt, mir san a Demokratie. Jeder kann machen, was er will, und ich teile Ihnen daher mit: Wer noch einmal lacht, fliegt hinaus!“

Zu den vielen Höhepunkten der Ära Haeusserman gehörten die drei Raimund-Inszenierungen mit Dekorationen und Kostümen von Oskar *Kokoschka.* In „Moisasurs Zauberfluch“, der am 12. Mai 1960 Premiere hatte, spielte Albin Skoda den Genius der Jugend. Nachdem ihn bei einer der Proben Kokoschka persönlich geschminkt hatte, lief Skoda voll Stolz herum und erzählte: „Ich bin jetzt ein echter Kokoschka!“

Es gab auch spektakuläre Gastspiele. Franco *Zeffirelli* kam mit seiner Compagnie nach Wien, und Haeusserman benutzte die Gelegenheit, den Gast zu fragen, ob er nicht am Burgtheater Regie führen wolle. Zeffirelli schlug daraufhin Pirandellos „Sechs Personen suchen einen Autor“ vor, ein Stück, das auf leerer Bühne spielt. Haeusserman, der wußte, daß Zeffirelli für seine Inszenierungen gerne selbst das Bühnenbild entwarf, fragte daher: „Wird Ihnen denn ohne Bühnenbild die Inszenierung Spaß machen?“ Darauf Zeffirelli mit pathetischem Augenaufschlag: „Leere Bühne von Burgtheater ist Weltall!!!“

Als am 21. Oktober 1960 die öffentliche Generalprobe zu Anouilhs „Becket oder die Ehre Gottes“ stattfand, passierte es Fred Hennings, der dem Hause seit 1923 angehörte, zum ersten Male, daß er im Text steckenblieb. Sofort ging er daraufhin zu Direktor Haeusserman und bat um seine Pensionierung. Haeusserman lehnte lächelnd ab und meinte: „Wenn jeder, der einmal hängenbleibt, in Pension gehen würde, müßte ich das Burgtheater zusperren.“

Schwierigkeiten gab es auch mit Hugo *Gottschlich*, der in „Mein Freund Harvey" den Lofgreen spielte und eines Abends schlicht und einfach die Vorstellung vergaß. Ersatz war keiner vorhanden, und so blieb das Theater an diesem Abend geschlossen. Am nächsten Tag wurde Gottschlich von seinem Direktor ermahnt: „Wenn Sie im Zweifel sind, rufen Sie doch an." Darauf Gottschlich: „Das ist es ja, Herr Direktor: Ich bin nie im Zweifel! Ich hab meine fixen Ideen!"

Zerstreutheit ist kein Vorrecht der Schauspieler. Der ehemalige deutsche Bundespräsident Theodor *Heuss* besuchte eine „Wallenstein"-Aufführung und wurde nachher von Direktor Haeusserman mit einem Glas Wein bewirtet. Man plauderte angeregt, der Gast lobte die Aufführung, erkundigte sich nach Josef Meinrad, der ja den Nobelpreis erhalten habe, womit er wohl den Ifflandring meinte, und verabschiedete sich schließlich von Haeusserman mit einem herzlichen Händedruck und den Worten: „Und grüße Sie mir no den Direktor Haeusserman herzlich!"

Oskar Werner, der in der Titelrolle von „Becket" im Jahre 1960 seinen letzten großen Triumph am Burgtheater gefeiert hatte, verließ bald darauf das Haus für immer. Vergeblich versuchte Haeusserman ihn zurückzuholen und schickte ihm ein Telegramm: „Möchte ich dich nochmals bitten, dem Burgtheater und unserer Freundschaft treu zu bleiben. Wie sagt Carlos? ‚Es ist mein letzter verzweifelter Versuch!'" Werner telegraphierte zurück: „Posa sagt: ‚Ich kann nicht Fürstendiener sein' – und ich nicht von Beamten und Regisseuren."

Ernst Lothar, der dem Hause in der Spielzeit 1932/33 und dann wieder seit 1948 angehört hatte, nahm im Jahre 1962 Abschied vom Burgtheater, aber nur als Regisseur, nicht als Besucher und ebenso sachkundiger wie kritischer Besucher. Manchmal war sein Urteil allerdings nicht leicht zu interpretieren. So holte ihn einmal Adrienne *Gessner*, seine Frau, nach einer Vorstellung im Burgtheater ab, und im Taxi entwickelte sich folgendes Gespräch: „Na, Hofrat, wie war's?" Darauf Lothar: „Mhmhm." - „Wie war denn die Wessely?" - „Mhmhm ..." - „Und der Attila?" - „Mhmhmmmmm ..." Darauf die Gessner: „Was hast du denn? Du bist ja heut so gütig!"

Im Jahre 1964 kam Fritz Kortner nach Wien, um am Burgtheater Ibsens „John Gabriel Borkmann" zu inszenieren. Die Proben hatten noch gar nicht begonnen, als es bereits die ersten Schwierigkeiten gab. Ernst Haeusserman hatte als Bühnenbildner Stefan Hlawa vorgeschlagen, der sich, ehe er zur ersten Besprechung mit Kortner ging, Mut antrank. Das Ergebnis war desaströs. Kaum war Hlawa gegangen, als Kortner Haeusserman anrief und sich beschwerte: „Herr Haeusserman, was soll das heißen? Ich verlange von Ihnen einen Bühnenbildner, und Sie schicken mir den Frosch aus der ‚Fledermaus'!"

Anstelle von Stefan Hlawa wurde Günther *Schneider-Siemssen* nominiert, mit dem sich Kortner recht gut verstand. Nur bei der Verabschiedung sagte der Regisseur zu seinem Bühnenbildner: „Wissen Sie, ich kann mir Namen nicht merken. Bitte nehmen Sie es mir daher nicht übel, wenn ich einmal zu Ihnen Siemens-Schuckert sage." Darauf Schneider-Siemssen: „Da habe ich schon Schlimmeres erlebt. Einmal habe ich die Drucksache einer Trikotagenfirma aus Bruchsal bekommen, da stand auf dem Kuvert: „Herrn Schneidermeister Siemssen, Staatsoper Wien."

Einige Zeit, nachdem die Proben begonnen hatten, erschien Paula *Wessely*, die die Ella Rentheim spielte, bei Haeusserman und erzählte: „Es ist wirklich großartig! Was er alles sagt! Und wie er alles sagt! Und diese Gründlichkeit! Heute, nach vierzehn Proben, sind wir auf Seite sieben! Sagen Sie, Herr Direktor, ist eigentlich auch an eine Aufführung gedacht?"

Die Premiere fand zwar wie vorgesehen am 20. November 1964 statt, aber zwei Tage davor erschien Kortner bei Haeusserman und verlangte weitere vierzehn Probentage. Ungerührt erwiderte der Direktor: „Also die Premiere ist übermorgen. Aber danach, lieber Herr Kortner, können Sie ruhig noch vierzehn Tage weiterproben."

Schneider-Siemssen: Bühne zu „Wie es Euch gefällt“

Zwei Jahre danach kehrte Kortner wieder, um „Othello“ zu inszenieren. Für die Dauer der Probenzeit wohnte er mit seiner Frau in einem Hotel am Stadtrand. Auf dem Weg in die Stadt verirrte er sich einmal mit seinem Wagen, doch ein Polizist, der den berühmten Regisseur erkannte, wies ihm sofort den richtigen Weg. Beim Burgtheater angelangt, wollte Kortner parken, doch der Portier wies ihn mit den Worten ab: „Da derfen S' net parken!“ Darauf Kortner streitlustig: „Wieso nicht?“ Der Portier belehrte ihn: „Dös is nur für Mitglieder vom Burgtheater!“ Worauf er zu seiner Frau sagte: „Siehst du, Hanna, je mehr man sich dem Burgtheater nähert, desto unbekannter wird man.“

Ein existentieller Bestandteil der Haeussermanschen Lebensführung war der von ihm im Jahre 1959 begründete Stammtisch in der „Linde“, an dem er mit souveränem Witz präsidierte. Dort, wo sich alles, was zum Wiener Kulturleben gehörte oder gehören wollte, traf, sagte er einmal zu Axel *von Ambesser:* „Im Leben eines jeden Menschen kommt einmal die Stunde der Wahrheit! Und da muß man dann lügen, lügen und noch mal lügen!"

Man sprach am Stammtisch über Fußball, und Haeusserman erzählte: „Ich habe nur ein einziges Mal in meinem Leben Fußball gespielt, und zwar beim Match Burgtheater gegen Staatsoper. Wir von der Burg haben 3 : 2 geführt. Da habe ich das Ausgleichstor zum 3 : 3 geschossen!"

Witzig blieb Haeusserman bis zuletzt. Mit Beginn der Spielzeit 1968/69 wurde er vom damals 66jährigen Kammerschauspieler Paul *Hoffmann* abgelöst. Der 52jährige Haeusserman kommentierte die Übergabe der Geschäfte mit den Worten: „Ich habe mich entschlossen, mein Amt in ältere Hände zu legen."

Paul Hoffmann trat sein Amt in einer bewegten Zeit an. Im Zeichen des Mitbestimmungsgedankens, der mit der bei Neuheiten aller Art üblichen Verspätung schließlich auch Österreich erreicht hatte, wurde am Burgtheater eine Ensemblevertretung gegründet. Sie wurde bald, in Anlehnung an die von Hilde Wagener geschaffene Aktion „Künstler helfen Künstlern", mit einem bösen Spitznamen belegt: „Künstler schaden Künstlern".

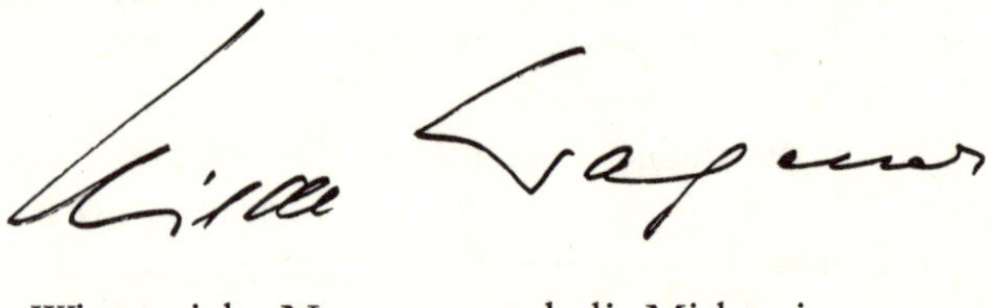

Wie so vieles Neue war auch die Mitbestimmung gar nicht so neu. Achim *Benning*, erster Sprecher der Ensemblevertretung und später Direktor des Hauses, meinte dazu: „Am Burgtheater haben die Schauspieler eigentlich immer mitgeredet. Da mußte nicht selten der Regisseur um sein Mitbestimmungsrecht kämpfen."

Auch ansonsten gab es eigentlich nicht viel Neues. Das Burgtheater wurde beschimpft wie eh und je, und es war gut besucht wie eh und je. Das sogenannte Ensemblepapier aus dem Jahre 1970 brachte diesen Zustand auf die einprägsame Formel: „Die Besonderheit der Krise des Burgtheaters besteht darin, daß sie bei vollem Hause stattfindet."

Als die Schimpferei einmal besonders arg wurde, entrang sich in der Ensembleversammlung nach langer Debatte der gequälten Brust Hugo Gottschlichs der Aufschrei: „Weil's wahr is! Zwahundert Jahr warn ma guat – und jetzt auf amal solln ma schlecht sein!?"

Die Zeiten mochten sich geändert haben, doch das Burgtheater hielt seine Traditionen, zu denen auch die Ensembletreue gehörte, hoch. Ein schönes Beispiel dafür lieferte Paul *Hörbiger,* der in Wieselburg wohnte und von dort zu jeder Probe und zu jeder Vorstellung angereist kam. Er ließ sich zu diesem Zweck von seiner Nachbarin, Frau *Sonnleitner,* zum Bahnhof in Wieselburg fahren, fuhr mit dem Zug nach Wien, probte oder spielte, fuhr danach mit der Bahn wieder nach Wieselburg, wo ihn am Bahnhof Frau Sonnleitner erwartete und nach Hause brachte. Als Hörbiger wieder einmal im Auto der Nachbarin unterwegs war, sagte sie: „Mein Gott, Herr Hörbiger, Sie sind so oft in der Zeitung. Ich möcht so gern auch einmal drinnenstehen." Darauf Hörbiger: „Nix leichter als das, Frau Sonnleitner. Fahr'n S' an den nächsten Baum!"

Auch Grund zum Feiern gab es wie eh und je. Im Oktober 1970 beging Hermann Thimig seinen achtzigsten Geburtstag. Zur Gratulationscour in seiner Villa im Cottage erschien unangessagt auch die damals 96jährige Rosa Albach-Retty, die im Heim der Aktion „Künstler helfen Künstlern“ in Baden lebte. Als man sie fragte, wie es ihr dort gefalle, meinte sie: „Na ja, es ist ganz nett, aber es sind halt lauter alte Leut dort...“

... 4 Jahre danach

HOFSCHAUSPIELERIN ROSA ALBACH-RETTY

Paul Hoffmann trat nach dreijähriger Direktionszeit zurück. Sein Nachfolger mit Beginn der Spielzeit 1971/72 wurde der Regisseur Gerhard *Klingenberg*, der eigentlich Schwabenitzky hieß und so wie der damalige Finanzminister Hannes Androsch in Floridsdorf zur Schule gegangen war, was ihm bei den professionellen Wiener Spöttern einen einschlägigen Beinamen eintrug: „Fast ein Prolet.“

Das Burgtheater war immer ein Ensemble- und nie ein Regietheater gewesen. Man sagte ihm nach, auf seinen Brettern habe sich das Regiekonzept in der Feststellung erschöpft: „Was heißt Regie? Wo ich stehe, kannst du nicht stehen, und wenn ich rede, kannst du nicht reden.“ Klingenberg ging mit großer Energie daran, diese Tradition zu ändern, indem er bedeutende Regisseure aus aller Welt an das Burgtheater berief. Das ging nicht ohne Verständigungsschwierigkeiten ab, die nicht nur darauf zurückzuführen waren, daß die Gäste der deutschen Sprache meist nur bedingt mächtig waren. So kam es immer häufiger vor, daß sie die Pro-

ben abbrachen und heimreisten, worauf der Direktor des Hauses die Inszenierung zu Ende führte. Als daher Otto *Schenk* eingeladen wurde, eine Inszenierung am Burgtheater zu übernehmen, sagte er zu Klingenberg: „Wir machen es aber umgekehrt. Sie fangen mit den Proben an, und ich probe dann zum Schluß."

Heinz *Reincke,* der seinen Direktor bisweilen „Klingenhügel" nannte, wollte den Cyrano de Bergerac spielen, worauf sich zwischen ihm und Klingenberg folgender Dialog entwickelte: Klingenberg: „Ausgezeichnet, da lade ich den Jean Louis Barrault ein, daß er

Regie führt.“ Reincke: „Nee, nicht den Barrault, der kann nicht Deutsch, lieber den Noelte.“ Klingenberg: „Der Noelte hat keine Zeit. Wissen sie was, ich führe selber Regie.“ Darauf Reincke: „Nee, dann schon lieber den Barrault!“

Reincke spielte den Küchenjungen Leon in Grillparzers „Weh dem der lügt“ und wurde gefragt: „Sind Sie für einen Küchenjungen nicht schon zu alt?“ Reinckes Antwort: „Ich spiele ihn mehr als Küchenchef.“

Fritz *Muliar* traf seinen Freund Heinz Reincke auf der Straße und sagte zu ihm: „Heinz, ich gratuliere dir, du hast die Kainz-Medaille bekommen.“ Reincke erwiderte mit schönem Selbstbewußtsein: „Ja, wer hätte sie denn sonst bekommen sollen?“

Muliar hatte viele Freunde. Einer von ihnen war der Bundeskanzler Bruno *Kreisky*, der ihn einmal bei einer Heurigenparty aufforderte: „Geh, sing mir was vor!“

Zeichnung von Hans Fronius im Programmheft

Muliar replizierte: „Nur, wenn du mir etwas vorregierst." Kreisky behielt das letzte Wort, indem er sagte: „Ich hab heut schon den ganzen Tag regiert, aber du hast noch nicht gesungen!"

Daß es am Wiener Burgtheater Regisseure gab, die Schwierigkeiten mit der deutschen Sprache hatten, sprach sich bald herum. Als daher Peter *Ustinov* gefragt wurde, warum er nicht im Haus am Ring inszeniere, antwortete er: „Ich komme nicht in Frage, denn ich bin zwar Ausländer, aber ich kann Deutsch."

Dabei war Klingenberg alles andere als ein blindwütiger Neuerer. Nach seiner Inszenierung von Dürrenmatts „Besuch der alten Dame" fand im Palais Palffy am Josefsplatz eine Publikumsdiskussion statt, in deren Verlauf er von einem aus der Bundesrepublik stammenden Studenten der Theaterwissenschaften gefragt wurde: „Warum haben Sie die Gelegenheit Ihrer Inszenierung nicht benutzt, um dem Publikum eine kräftige Ohrfeige zu versetzen?" Klingenberg antwortete: „Schaun Sie, ich kenne einen Intendanten in einem benachbarten Land, der hat seinem Publikum eine kräftige Ohrfeige nach der andern versetzt. Leider hat er am Ende seiner ersten Spielzeit kein Publikum mehr gehabt, dem er Ohrfeigen versetzen hätte können."

Im Frühjahr 1976 feierte das Burgtheater seinen zweihundertjährigen Bestand mit Festakten, Premieren, Sondermarken, Fernsehfilmen und vielen anderen Ehrungen, Huldigungen und Würdigungen. Im Fernsehfilm trat u. a. Fritz Hochwälder auf, der voll uneingeschränkter Bewunderung sagte: „Für mich ist das Burgtheater der Petersdom des Welttheaters."

Die Sonderbriefmarke, die aus Anlaß des Jubiläums erschien, zeigte das alte und das neue Haus des Burgtheaters und dazwischen eine traurige Maske. Direktor Klingenberg betrachtete die Marke eingehend und meinte dann: „Das in der Mitte ist das Gesicht meiner Abonnenten, wenn ich einen modernen Autor spiele."

Es fehlte natürlich auch nicht an Mißtönen. Ausgerechnet im Jubiläumsjahr erschien ein Rechnungshofbericht, der heftige Kritik an manchen Zuständen im Burgtheater übte. Im „Lametta & Co"-Kabarett von Dieter *Hildebrandt* und Werner *Schneyder* gab es dazu den Kommentar: „Das ist die Wandlung vom Hoftheater zum Rechnungshoftheater . . ."

Die Popularität der Burgschauspieler litt aber darunter kaum. Heinz Reincke wurde in einer Radiosendung aus Anlaß des Jubiläums gefragt: „Was halten Sie vom Burgtheaterpublikum?" Er antwortete: „Heute hab ich Zeozon gekauft in der Fußgängerzone. Das kostet 115 Schilling, ich hab's bekommen für 104 Schilling 50. Ich hab Rabatt bekommen. Burgschauspielerrabatt."

Wie es sich das Ensemble gewünscht hatte, fehlte im Reigen der Jubliäums-Premieren auch der „Raub der Sabinerinnen" nicht. Nach der Generalprobe wollte

◀ *Burgschauspieler mit eigenem Weinbau*

Direktor Klingenberg Alma Seidler, die die Frau Professor Gollwitz spielte, beglückwünschen und fragte ihren Gatten, Karl Eidlitz, der gerade ihre Garderobe verließ, ob er eintreten könne. Eidlitz bejahte, und Klingenberg öffnete gerade die Tür, als sich die Garderobierin mit dem Ruf dazwischenwarf: „Bitte, nicht hereinkommen! Die Frau Kammerschauspielerin ist nackt!“ Darauf Eidlitz im Abgehen: „Ich muß etwas vom Kandaules an mir haben ...!“

Zwecks „Erschließung neuer Publikumsschichten“ gab es im Burgtheater auch Vorstellungen für Pensionisten. Was dabei passieren konnte, berichtete „Adabei“ Roman *Schliesser* in seiner Kronenzeitung-Kolumne: „Eine halbe Vorstellung des Wiener Burgtheaters wollte ein Wiener Pensionistenverband aufkaufen, um seinen Mitgliedern Freude zu bereiten. Ging nur um die Frage, welches Stück man anschauen sollte. Das Burgtheater empfahl ‚Raub der Sabinerinnen‘. Der Obmann bat sich drei Tage Bedenkzeit aus, dann meldete er sich prompt. ‚Also bitte‘, sagte er am Telefon. ‚Mir ham uns entschieden. Mir nehmen's, die Rabbinerinnen‘ ...“

Zu den Gästen, die rund um das Burgtheaterjubiläum nach Wien kamen, gehörte auch Eugène *Ionesco*. Als man ihn fragte, ob er während seines Aufenthaltes auch den Stephansdom gesehen habe, antwortet er: „O ja, ich war in einer sehr schönen gotischen Kathedrale, gleich vis-à-vis vom Burgtheater und habe dort im Keller ein ausgezeichnetes Schnitzel gegessen.“

Einer, der nicht kommen konnte, war Pavel *Kohout*, der damals noch in Prag lebte. Die Direktion des Burgtheaters hatte ihn zwar zum Jubiläum eingeladen, doch er schrieb auf offener Postkarte zurück: „Liebe

Freunde, ich möchte gerne kommen, der Geist von Helsinki jedoch verschwamm mit der Zeit, so daß ich wieder kein Ausreisevisum bekommen kann, es sei denn, ich wäre bereit, für mindestens zwei Jahre auszureisen; leider dauert Ihr Jubiläum nicht so lange. Mit vielen freundlichen Grüßen Pavel Kohout, 118 00 Praha 1, Hradcanské nam.1."

Unter den vielen Artikeln, die aus Anlaß des Burgtheaterjubiläums geschrieben wurden, ragte die Betrachtung hervor, die Hans Heinz *Hahnl*, der Theaterkritiker der „Arbeiterzeitung", unter dem Titel „Ein Himmelfahrtskommando" verfaßt hatte. Darin hieß es: „Schauspieler vazieren, Burgmimen bleiben. Ihre Treue heißt jedoch nicht nur Pragmatisierung. Sie lernen weniger als andere Schauspieler, die herumkommen, aber der Burgschauspieler sieht auf solche Moden ohnehin nur mit Verachtung von dem hohen Roß herab, dessen Satteln er meldet ... Ein Schauspielertheater kann mit Strehler arbeiten, wenn es sein muß mit Klingenberg, es hält sie aus, es überlebt sie, Strehler und Klingenberg ziehen weiter, das Burgtheater bleibt. Und nach drei Jahren stellt sich heraus, daß man ohnehin nichts versäumt hat. Die Mode ist vergänglich ..."

Die Jubiläumsfeiern waren kaum zu Ende, da stand schon der nächste Direktor vor der Tür: Achim *Benning* übernahm mit Beginn der Spielzeit 1976/77 die Leitung des Hauses und behielt sie volle zehn Jahre lang. In den Spekulationen um die Nachfolge Klingenbergs war auch immer wieder der Name Boy Gobert genannt worden, und manche Leute in Wien gingen so weit zu sagen: „Der Gobert hat die Burgtheaterdirektion in der Taschen." Als Gobert in Hamburg dies hörte, sagte er lediglich: „Dann muß ich meine Tasche wohl irgendwo verloren haben!"

Der Wiener Wortwitz, der einst Direktor Gerhard Klingenberg mit der Bemerkung „Fast ein Prolet“ begrüßt hatte, kommentierte nun den Wechsel von Klingenberg zu Benning mit der Variierung eines anderen Stücktitels: „Mittelmaß für Mittelmaß“.

Die neue Direktion begann ungewollt mit einem Knalleffekt. Wegen einer unvorhergesehenen technischen Probe mußte am 3. September 1976, am dritten

Klausjürgen Wussow: Illustration zu einer Tagebuchnotiz

Tag der Ära Benning, die Abendvorstellung von „König Ottokars Glück und Ende" plötzlich abgesagt werden. Die Zuschauer standen vor verschlossenen Türen, und Hofrat Professor Dr. Ernst Haeusserman, seit nunmehr acht Jahren Direktor des Theaters in der Josefstadt, höhnte an seinem Stammtisch: „Das ist das erste Mal, daß das Burg-Ensemble geschlossen hinter dem neuen Burgtheaterdirektor stand."

Achim Benning, der als Schauspieler, Ensemblevertreter und Regisseur auf eine lange Burgtheatererfahrung zurückblicken konnte, faßte sie einmal in der Feststellung zusammen: „Wir leben in einem Land mit tausend Theaterdirektoren. Nur sind die meisten von ihnen Ministerialräte geworden . . ."

Zu den Problemen eines Burgtheaterdirektors gehörte seit eh und je die Beschäftigung seines Ensembles. Als der Schauspieler Viktor *Staal* in den siebziger Jahren zu Filmaufnahmen nach Wien kam, erzählte er, daß er in den dreißiger Jahren um ein Haar vierter Liebhaber geworden wäre, aber schließlich abgelehnt hatte, weil er zu ungeduldig war. „Wissen Sie", sagte er, „am Burgtheater mußte man damals mindestens vierzig Jahre alt sein, um den Ferdinand spielen zu dürfen . . ."

Vierzig Jahre danach sah es nicht viel anders aus. Als man die Burgschauspielerin Aglaja *Schmid* fragte, warum sie so selten auftrete, meinte sie: „In meinem jetzigen Fach herrscht ein ziemliches Gedränge. Die Vierzigjährigen werden oft schon von Dreißigjährigen gespielt, dafür spielen Sechzigjährige die Fünfzigjährigen."

Angesichts dieser Problematik stellte Ernst *Stankowski* namens der Nicht-Burgschauspieler fest: „Viele

Schauspieler träumen davon, einmal auf der Bühne des Burgtheaters zu stehen. Ein Schicksal, das sie mit etlichen Burg-Mitgliedern teilen."

Es gab freilich auch Schauspieler, die spielen sollten, aber nicht wollten bzw. nicht konnten. So nahm Achim Benning im Juni 1979 in der jährlichen Pressekonferenz zum Saisonabschluß zu der Tatsache Stellung, daß Klaus Maria *Brandauer* nicht in der Lage sei, im „Sommernachtstraum" aufzutreten, aber filmte: „Es gibt eben berühmte Universitätsprofessoren, die seltsame Atteste ausstellen. So ein verletztes Knie kann für einen Film geeignet und für eine Theaterproduktion ungeeignet sein."

Brandauer war nicht nur ein beliebter Burgschauspieler, sondern auch ein international bekannter Filmstar und mußte, weil er erfolgreich war, mit Neid und Spott rechnen. So zirkulierte über ihn in Wien das Witzchen: „Klaus Maria Brandauer hat den von ihm gestifteten Klaus-Maria-Brandauer-Preis erhalten. Er ist der erste Schauspieler, der diesen Preis zum drittenmal in ununterbrochener Reihenfolge erhält."

Brandauer konnte solche Scherze gelassen hinnehmen, denn er besaß – was das Zeichen innerer Größe ist – die Fähigkeit, über sich selbst zu lächeln. So erzählte der gebürtige Altausseer in einem Rundfunkinterview: „Der Oberförster Loidl sagt zu mir: ‚Burli, jetzt bist am Theater und machst Filme. Wannst so weitermachst, kommst vielleicht no an die Staatsoper!'"

Wie schön und ehrenvoll es nach wie vor war, Burgschauspieler zu sein, brachte Fritz Muliar in einem Fernsehinterview auf die Formel: „Die Josefstadt ist der Himmel für Kasperl. Das Burgtheater ist der pragmatisierte Himmel für Kasperl!"

In diesem pragmatisierten Himmel wurden die Traditionen gewahrt. Nach dem Tode von Rosa Albach-Retty im Jahre 1981 fiel die Würde, die Doyenne des Hauses zu sein, an Adrienne Gessner. Als sie aus diesem Anlaß interviewt und nach ihren Plänen befragt wurde, antwortete sie: „Was ich in der nächsten Zeit tun werde? No, halt alt sein."

Das Burgtheater wahrte aber nicht nur Traditionen, sondern tat auch etwas für die Jugend. Es gab jedes Jahr zur Weihnachtszeit ein Märchenstück für Kinder. Heinz Fischer-Karwin befragte dazu in seiner Sendung „Ihr Auftritt bitte" Direktor Benning: „Passen die Eltern auf, daß sich die Kinder im Burgtheater auch anständig benehmen?" Benning antwortete: „Ja, leider."

Auch Fritz Muliar spielte in einem solchen Märchenstück mit und erzählte im Freundeskreis: „Mein Repertoire liest sich wie Brehms Tierleben. Im ‚Weiten Land‘ bin ich der Bankier Natter, im ‚Verschwender‘ der Kammerdiener Wolf und im Märchenstück ‚Die verzauberten Brüder‘ der böse Wolf.“ Daraufhin fragte ihn Helmut Qualtinger: „Wie legst du den Wolf an?“ Muliars Antwort: „Tierisch.“

Im angeblich so konservativen Burgtheater hielt aber auch der Nudismus seinen Einzug. So war Erika *Pluhar* in einer Aufführung im Akademietheater hüllenlos auf dem Bauche liegend zu sehen, was einiges Aufsehen erregte und eine Wiener Tageszeitung sogar veranlaßte, ein Szenenphoto auf der Titelseite zu bringen. Die Pluhar kommentierte den Rummel um ihren Auftritt gelassen: „Da werkelt man sein Leben lang mit klassischen Rollen am Burgtheater und stellt dann fest, daß ein paar Männer im Leben und ein nackter Hintern alles sind, was die Leute an einem wirklich interessiert.“

Nicht alle Neuerungen auf der Bühne fanden die Zuschauer sehenswert. Dr. Wolfgang *Hartig* aus Wien XVIII. schrieb, nachdem er im Burgtheater ein „Goldenes Vlies“ mit einer Negerin als Medea und Griechen in Kleidern und Uniformen aus der napoleonischen Zeit gesehen hatte, folgenden Leserbrief in Reimen an „Die Presse“:

O Burgtheaterherrlichkeit
wohin bist du entschwunden?
Wann kehrst du wieder gold’ne Zeit
So wahr und echt empfunden?

Adrienne Gessner

Wo man uns Goethe, Schiller, Kleist
in guter Inszenierung
noch zeigt' in humanist'schem Geist
und rechter Kostümierung!
Wo Shakespeare wirklich Shakespeare ist
und kein ‚Sozialprophet'!
Wo man die Sprache so genießt,
der Dialekt verweht!
Wo man sich an den Dichter hält,
nicht an den Regisseur,
wo nur der Dichter Vorschrift zählt
und gar nichts and'res mehr!
O Burgtheaterherrlichkeit
wie tief bist du gefallen!
Dank Dummheit, Überheblichkeit!
Wie sehr fehlst du uns allen!"

Leserbriefschreiber Hartig formulierte in Reimen nichts anderes als jene Erkenntnis, die Felix *Salten* bereits im Jahre 1926, also rund ein halbes Jahrhundert zuvor, in die Worte gekleidet hatte: „Immer ist das alte Burgtheater das gute, das glanzvolle gewesen. Immer das jeweilige heutige Burgtheater im Niedergang begriffen. Und immer wieder hob sich das untergehende Burgtheater, je mehr es ins Vergangene rückte, zur Höhe eines Glanzes, die ‚nie wieder erreicht werden kann' …"

Epilog

WIE DAS BURGTHEATER WACHGEKÜSST WURDE

Der nächste Burgtheaterdirektor heißt Claus Peymann... Mit der Bindung eines der erfolgreichsten, profiliertesten Theaterleiters und phantasievollsten Regisseurs an das Burgtheater hat Wien die Chance wahrgenommen, wieder zu einer Theatermetropole im deutschen Sprachraum zu werden.

Karin Kathrein, „Die Presse“, 11. April 1984

Peymanns erste vierzehn Tage in der Burg: Mehr Publikum, mehr Geld, mehr Beifall.

„Die Presse“, 19. September 1986

Claus Peymann, der neue Burgchef..., ist plötzlich zum Star der Bundestheater geworden. Ein Tausendsassa, als es darum ging, die Burg aus ihrem Dornröschenschlaf wachzuküssen und neue Besen zu schwingen.

Karl Heinz Roschitz, „Kronenzeitung“,
21. September 1986

Deutsches Lob für Burg: Derzeit beste Bühne.

„Kurier“, 11. Juli 1987

Wenn Sie wüßten, was für eine Scheiße ich hier erlebe! Man müßte dieses Theater von Christo verhüllen und abreißen lassen. Vielleicht schmeiße ich morgen schon alles hin. Beim österreichischen Kanzler Vranitzky liegt gerade ein Rücktrittsgesuch.

Claus Peymann, „Die Zeit", 27. Mai 1988

Wenn ein Burgtheaterdirektor nicht Chance sagt, sondern Schangse, dann gehört er zurück nach Bochum und hat hier nichts zu suchen.

Hans Weigel, 3. Juni 1988

Ein Nordlicht macht noch kein Theater,
so wie ein Wurschtel keinen Prater.
Ein Nordlicht, das im Ruhrpott gleißt,
im Burgtheater Notlicht heißt.

Peter P. Jost, Burgschauspieler a. D., 5. Juni 1988

Die Einnahmen des Burgtheaters sind in den vergangenen drei Jahren um genau 5,729 Millionen zurückgegangen, bestätigte Unterrichtsministerin Hilde Hawlicek in ihrer Beantwortung einer parlamentarischen Anfrage... Die durchschnittliche Auslastung des Burgtheaters lag 1986 bei 83,6 Prozent, 1988 nur mehr bei 80,6 Prozent.

„Die Presse", 12. Mai 1989

Burg-Chef Claus Peymann, munter und plauderfreudig wie stets, ließ es in seinem gestrigen Pressegespräch in der „Burg" ordentlich durchklingen: Er ist mit der von ihm und seinem Team geleisteten Arbeit zufrieden. Alles o. k. Der Spielplan ist toll.

„Kronenzeitung", 3. März 1990

Ausgewählte Literatur

Albach-Retty, Rosa: So kurz sind hundert Jahre, München Berlin, 1978

Berger, Alfred: Reden und Aufsätze, Wien-Leipzig 1913

Bettelheim-Gabillon, Helene: Im Zeichen des alten Wiener Burgtheaters, Wien-Berlin 1921

Buschbeck, Erhard: Mimus Austriacus, Salzburg/Stuttgart 1962

Dietrich, Margret (Hsg.): Das Burgtheater und sein Publikum, Wien 1976

Glossy, Karl: Aus der Briefmappe eines Burgtheaterdirektors, Wien 1925

Haeusserman, Ernst: Die Burg, Wien, Stuttgart, Basel 1964

Hennings, Fred: Zweimal Burgtheater, Wien 1955

Kahl, Kurt: Die Wiener und ihr Burgtheater, Wien München 1974

Laube Heinrich: Das Burgtheater, Leipzig 1868

Lothar Ernst: Macht und Ohnmacht des Theaters, Wien Hamburg 1968

Marberg, Lili: Es war so komisch, Wien/Leipzig o. J.

Reimann, Viktor: Die Adelsrepublik der Künstler, Düsseldorf Wien 1963

Schreyvogl, Friedrich: Das Burgtheater, Wien 1965

Zeska, Philipp: Burgtheater von A bis Z, Wien 1967

Bildnachweis

Bildvorlagen aus dem Bildarchiv der Österreichischen Nationalbibliothek sind mit ÖNB gekennzeichnet

Inhalt

K. K. Hof- Burgtheater.

Freitag den 12. Oktober 1888.

Schluß-Vorstellung im alten Hause.

(Außer dem Abonnement.)

Iphigenie auf Tauris

Schauspiel in fünf Aufzügen von Goethe.

Iphigenie	Fr. Wolter.	Pylades	Hr. Hartmann.
Thoas, König der Taurier	Hr. Hallenstein.	Arkas	Hr. Baumeister.
Orest	Hr. Krastel.		

Schauplatz: Hain vor Dianens Tempel.

Epilog

von Alfred Berger, gesprochen von Herrn Sonnenthal umgeben von dem gesammten Künstlerpersonale des k. k. Hofburgtheaters.

Der freie Eintritt (mit Ausnahme der Hof-Freibillets) ist heute nicht gestattet.

Samstag	13. Geschlossen.	Montag	15. Prolog. Esther. Wallensteins Lager.
Sonntag	14. Erste Vorstellung im neuen Hause. Prolog. Esther. Wallensteins Lager.	Dinstag	16. Esther. Wallensteins Lager.

Preise der Plätze:

Eine Loge Parterre, 1. oder 2. Rang	fl. 12.—	Ein Sitz in der Fremdenloge	fl. 2.50	Ein Sitz im 3. Stock 2. Reihe	fl. 1.50
Ein vorderer Logensitz Parterre, 1. oder 2. Rang	„ 4.—	Ein Sitz im Parquet 1. bis 4. Reihe	„ 4.—	Ein Sitz im 4. Stock	„ 1.—
Ein rückwärtiger Logensitz, 1. oder 2. Rang in den Logen Nr. 10 bis 15	„ 3.—	Ein Sitz im Parquet 5. bis 9. Reihe	„ 3.50	Ein numerirter Sitz im 4. Stock	„ —.70
Eine Loge 3. Rang	„ 8.—	Ein Sitz im Parquet 10. bis 15. Reihe	„ 3.—	Eintritt in das Parterre (nur Herren gestattet)	„ 1.—
Ein Logensitz 3. Rang	„ 2.50	Ein Sitz im Parterre	„ 2.—	Eintritt in den 3. Stock	„ —.60
		Ein Sitz im 3. Stock 1. Reihe	„ 2.—	Eintritt in den 4. Stock	„ —.40

Kassa-Eröffnung 6 Uhr. Anfang 7 Uhr. Ende vor 10 Uhr.

K. K. Hof- Burgtheater.

Sonntag den 14. Oktober 1888.

Eröffnungs-Vorstellung im neuen Hause.

(Außer dem Abonnement.)

Ouverture: „Die Weihe des Hauses" von Beethoven.

Scenischer Prolog

von Josef Weilen.

Der Geist des alten Burgtheaters	Hr. Sonnenthal.	Thalia	Frl. Hohenfels.
Der Genius der Poesie	Fr. Wolter.	Melpomene	Fr. Gabillon.

Zum Beschluße: Das gesammte Künstlerpersonale des k. k. Hofburgtheaters.

Esther

Drama (Fragment) in zwei Aufzügen von Grillparzer.

König	Hr. Sonnenthal.	Theres	Hr. Altmann.
Mardochai	Hr. Hallenstein.	Aridal	Hr. Kracher.
Esther	Frl. Barsescu.	Erster Höfling	Hr. Stätter.
Haman	Hr. Lewinsky.	Zweiter Höfling	Hr. Löwe.
Zares	Fr. Regro.	Dritter Höfling	Hr. Bayer.
Bigthan	Hr. Arnau.	Ein Hauptmann	Hr. Reimers.

Wallensteins Lager

Dramatisches Gedicht in einem Aufzug von Schiller.

Wachtmeister } von einem Terzky'schen	Hr. Gabillon.	Uhlan	Hr. Ridden.
Trompeter } Carabinierregiment	Hr. Kracher.	Rekrut	Hr. Thimig.
Constabler	Hr. Bayer.	Bürger	Hr. Altmann.
Scharfschützen	Hr. Stätter.	Bauer	Hr. Arnsburg.
	Hr. Fiala.	Bauernknabe	Frl. Kallina.
Holkische reitende Jäger	Hr. Hartmann.	Kapuziner	Hr. Baumeister.
	Hr. Devrient.	Soldatenschulmeister	Hr. Meixner.
Buttlerischer Dragoner	Hr. Reimers.	Marketenderin	Fr. Kratz.
Arkebusiere vom Regimente Tiefenbach	Hr. Rötel.	Aufwärterin	Fr. Wagner.
	Hr. Adam.	Soldatenjunge	Emilie Bella.
Kürassier von einem wallonischen Regiment	Hr. Hallenstein.		
Kürassier von einem lombardischen Regiment	Hr. Dürer.		
Croat	Hr. Sommer.		

Prager Musikanten, Landleute, Soldatenkinder, Soldaten.

Ort der Handlung: Vor der Stadt Pilsen in Böhmen.

Zwischen dem Scenischen Prolog und „Esther" eine Pause von 20 Minuten.

Der freie Eintritt ist heute ohne Ausnahme aufgehoben.